だれが日韓「対立」をつくったのか

徴用工、「慰安婦」、そしてメディア

岡本有佳・加藤圭木［編］
［編集協力］Fight for Justice

大月書店

はじめに――泥沼化する日韓関係を読み解く

２０１８年10月30日、大韓民国（以下、韓国）の大法院《だいほういん》（日本の最高裁判所にあたります）は、新日鐵住金（現・日本製鉄、以下、新日鉄住金）に対して元徴用工《ちょうようこう》への損害賠償《そんがいばいしょう》を命じました（その後も他の企業を対象に、同様の判決が出されています）。これに対して、安倍晋三《あべしんぞう》首相は「国際法に照らしてあり得ない判断だ」などとして強く非難しました。日本のメディアも、韓国に対する批判を強めました。さらに、２０１９年7月に日本政府は、韓国への輸出規制に踏み出すという強硬策にでました。また、同月、河野太郎《こうのたろう》外務大臣（当時）は、韓国の南宮杓《ナムグァンピョ》駐日大使を呼び出し「きわめて無礼だ」などと激しい言葉で抗議しました。

こうした動きを受けて、韓国側では日本の対応に対して批判が強まりました。日本製品の不買運動や日本への渡航中止を含め、抗議運動が広がりました。

『朝日新聞』の世論調査では、「安倍政権の韓国に対する姿勢を評価しますか」との質問項目がありましたが、「評価する」48％、「評価しない」29％となりました（２０１９年9月16日付）。約半数が安倍政権の強硬策を支持しているのです。このように韓国に対する反発は、社会的な広がりを見せています。

日韓「対立」は、日本軍「慰安婦」問題をめぐっても深刻化しています。２０１５年末に、日韓「合意」がなされ、日本のメディアやリベラルと言われる人たちの間でも、この問題は「解決済み」であるとの主張がなされています。他方、この「合意」に対しても韓国市民や被害者側からは、強い批判がありますが、日本メディアはそれを真摯《しんし》に取り上げようとしません。「あいちトリエンナーレ」で展示された《平和の少女像》に対する理不尽な攻撃や政治家の介入で、展示が中止に追い込まれたことも見逃せません（のちに再開）。

こうしたなかで、日本社会では「日韓はなんで対立しているの？」「韓国はなぜ過去のことを蒸し返すの？」「韓国は国際法違反では？」「日本も多少は悪いかもしれないけど、韓国のやり方もひどいのでは？」などといった、疑問や反発が渦巻いています。

以上をふまえ、本書は、泥沼化する日韓「対立」の背景を探ります。日韓「対立」はだれによって、どのようにつくられたのでしょうか。そして、「対立」を乗り越える道はあるのでしょうか。このような問いについて、学問的な成果にもとづき一つひとつ事実を確認しながら、読者のみなさんと考えていきたいと思います。

とくに、日本のメディアでは正確な情報が十分に伝えられていませんので、「何が本当のことなのかわからない」と感じている人も多いのではないでしょうか。本書では、こうしたメディアの問題点についても述べていきます。

日本政府の主張やメディアでの情報を見ていると、この問題はあたかも日韓の外交問題にすぎないように思えるかもしれません。しかし、それは一面的な見方です。本書を通じて考えたいのは、徴用工問題や「慰安婦」問題、さらには日本の朝鮮植民地支配の問題は、人権問題であるということです（韓国と朝鮮民主主義人民共和国は本来一つの民族・国家ですが、分断されています。民族の総称として「朝鮮」「朝鮮人」という言葉を使います）。つまり、加害者と被害者が存在する問題であり、被害者の尊厳をどのように回復するかが問われている問題であるということです。

また、日韓の「対立」は、近年急速に浮上した問題ではありません。日本が朝鮮を侵略し、植民地支配したことが、根幹にはあります。日本の朝鮮侵略・植民地支配は、19世紀後半以来、強圧と収奪《しゅうだつ》によって、多くの朝鮮民衆の生活と生存を脅《おびや》かすものでした。また、侵略と支配のなかで強化された朝鮮人に対する日本人側の差別は、１９４５年の日本の敗戦以後もかたちを変えながら今日まで継続しています。在日朝鮮人に対するヘイトスピーチや在日朝鮮人の通う朝鮮学校への差別はその最たるものです。

本書では日韓「対立」にとくに注目しますが、そもそも朝鮮植民地支配の問題は、日韓のみならず、日本と朝鮮民主主義人民共和国の間の問題でもあります。朝鮮民主主義人民共和国との間では、いまだに国交正常化がなされていません。同国との間でも、植民地支配の責任について考えることが必要です。また、侵略戦争や植民地支配、そして、そのなかで引き起こされた日本軍「慰安婦」や強制労働の問題は、朝鮮半島に限った問題ではないことにも注意する必要があります。

本書のＰＡＲＴ１では、徴用工問題を中心に、論点を整理します。そもそも徴用工とはどのようなものなのでしょうか。また、日本では「韓国が国際法違反をしている」という主張が繰り返されていますが、事実はどうなっているのでしょうか。

次にPART2では、まず、日本軍「慰安婦」問題の実態を取り上げます。そのうえで、日韓「合意」の問題点や、日本では「反日」の象徴とされる《平和の少女像》について解説します。

続くPART3では、日韓「対立」の根を探ります。19世紀後半以来の日本の朝鮮侵略、そして植民地支配の実態を検討します。そのうえで、現代の韓国において、どのように日本の植民地支配の歴史に対する問い直しが行われてきたのか、そしてそれが現在の韓国の行動とどのように関係しているのかを見ていきます。

PART4では、この間の日韓「対立」を深刻化させてきた重大な要素として、メディアのあり方について考えます。とくに韓国メディアの状況もあわせて見ることで、日韓のズレを明らかにします。

最後のPART5では、こうした状況をどのように乗り越えていくことができるのか、その道筋を探ります。

本書を通じて、日本と朝鮮半島の歴史と現在に対する理解が深まること、真の意味で被害者の尊厳の回復につながっていくことを願っています。

２０１９年10月31日

編者　加藤圭木

目次

PART 3 韓国はなぜ歴史問題にこだわるのか？

PART 4 なぜ、これほど日韓関係は悪化したのか？
——メディアのズレを読む

PART 5 解決への道はあるのか？

PART－1

徴用工問題
――「韓国はルール違反」の真相

2019年1月23日，ダボス会議で，韓国の康京和《カンギョンファ》外相（右端）と会談する河野外相（左端）（提供：共同通信社）

Q1

なぜ徴用工《ちょうようこう》は損害賠償《そんがいばいしょう》を求めているのか？

◆——加藤圭木

徴用工問題とは何か

徴用工とは、日本が植民地支配していた朝鮮半島から、１９３９年以降に、日本にむりやり連れてこられ、強制的に労働させられた人たちのことを指します。徴用工問題は、日本政府・日本企業が朝鮮人に対して引き起こした重大な人権侵害です。日本で強制的に労働させられた朝鮮人は80万人ないし１００万人以上と言われます。２０１８年10月以降、大韓民国（韓国）の大法院《だいほういん》（日本の最高裁判所にあたります）が、日本企業に対して賠償を行うことを求めたのは、これが朝鮮人に多大なる被害を与えた事件だからです（なお、日本以外にサハリン、南洋群島、満洲《まんしゅう》、朝鮮内などにおいても、朝鮮人が強制労働させられました。紙幅の関係で、本稿では日本での強制労働に限定します）。

なお、この問題は韓国では一般に強制徴用問題と呼ばれています。それが日本で報道される際に、「徴用工問題」という用語が使われたのです。他方、戦後日本の歴史研究や市民運動のなかでは、朝鮮人強制連行や朝鮮人戦時労働動員、朝鮮人強制動員などの用語が使われてきました。以下、便宜的に徴用工問題という用語を使用します。

日本は、1930年代に中国への侵略戦争を開始しましたが、戦争を後方で支える産業で労働力が不足しました。とくに労働環境が悪く危険だった炭鉱において深刻でした。そこで、1939年から日本政府は朝鮮人を日本に連れてきて、労働させることにしたのです。この政策は、国家総動員法のもとで策定された労務動員計画にもとづいて実施されました。国家の責任で行われたのです。

徴用工問題で重要なのは三つの要素です。一つは強制連行です。本人の意志に反して労働現場に連れてきたことです。第二は強制労働です。たいへん厳しい環境のなかで、やはり本人の意志を無視してむりやり労働をさせられたということです。第三は、民族差別です。朝鮮人であるという理由で、四六時中監視され、日本人より厳しい労働をさせられ、暴力を振るわれたりしたのです。

どのように連れてこられたのか

朝鮮人は日本にどのように連れてこられたのでしょうか。これは、「募集」（1939年～）・「官あっせん」（42年～）・「徴用」（44年～）の三段階に分けることができますが、全段階で強制力が働きました。韓国で使われている強制徴用という用語は、1944年からの「徴用」だけではなく、39～45年に行われた労働動員政策全体を指しています。

まず一つ目の「募集」ですが、この言葉だけ聞くと、日本が労働者を募集して、朝鮮人が自ら応募したようなイメージをもつ人も多いと思います。「募集」というのは当時使われた用語ですが、実態をごまかす言葉です。「募集」の段階では、日本企業が朝鮮総督府《ちょうせんそうとくふ》（朝鮮を支配するための日本の機関）の認可を得て、労働者を「募集」するというものでしたが、その実態は朝鮮総督府や日本の警察が労働者集めをになうというものでした。つぎの「官あっせん」ですが、これは文字どおり「官」、つまり朝鮮総督府や警察が労働者集めの責任をもつというものでした。すでに「募集」の段階から「官」が労働者集めをしていましたが、さらに「官」の責任を大きくし、強制性を強めたということになります。三つ目の「徴用」は、国民徴用令という法律にもとづいて、令状によって労働を強制するものです。

それではどのように強制されたのでしょうか。第一に拉致《らち》、暴力でむりやり連れ去ることです。これは「官あっせん」以降に多く見られます。たとえば、1944年の日本側の文書に朝鮮人への「人質的略奪《りゃくだつ》的拉致」が行われていると記録されています（木暮泰用「復命書」七月三一日）。

第二に、詐欺《さぎ》があります。労働の内容を偽《いつわ》って楽な仕事だと言ったりして連れていき、実際には事前の説明と異なり危険な仕事を強制するといったことです。

第三に、「募集」の段階で多く見られた方式ですが、朝鮮人の貧困状態につけ込んで、労働に動員するというものです。当時の朝鮮民衆の大部分が貧困状態に置かれていました。日本の植民地支配が朝鮮に対する経済的な収奪を行ったことで、強制的に貧しい状態に追い込まれたのです（Q９参照）。そうしたなかで日本で働きたいという人もいました。ただし、人びとの希望は炭鉱などでの危険な労働ではなく、日本の工場などで働くことだったのです。しかし、日本側は人が足りず戦争を遂行するうえで重要だった炭鉱などに労働者を配置することを考えていました。その結果、朝鮮人側の希望を無視して、工場ではなく炭鉱などで危険な労働を強制されることになったのです。ここでは第二にあげた詐欺の要素を確認することができます。なお、「募集」段階で、日本の炭鉱に連れてこられた人たちの多くが、逃走しています。朝鮮人の多くは危険な炭鉱での労働を望んでいなかったことがわかります。また、日本での労働がたいへん厳しいものだという情報が朝鮮社会に伝わると、１９４１年頃から労働者を集めることが難しくなります。労働の実態を知っていれば、「募集」に応じる者は少なかったのです。

第四に、「日本に行け」と要求されれば、拒否できないほどの圧力がその支配の末端にまで及んでいたことです。すでに30年ほどの支配が続いていた朝鮮では警察・行政による圧迫はすさまじいものでした。また、日本の支配に協力させられている村の有力者などから強制されるというケースもありましたが、これも長年日本が朝鮮を支配した結果生じたことです。

第五に、精神的支配による強制です。当時、天皇への忠誠心を植えつけ、日本の戦争に協力させるための「皇民化」教育が朝鮮人に強制されました（ｔｏｐｉｃ１参照）。とくに若い世代には精神面での強制が大きく影響しました。「日本はすばらしい国である」と盛んに教育された影響もありました。

連行を避けるためにわざとケガをする人や、山に立てこもる人たちがいました。連れていかれる過程では監視がつきましたが、逃亡する人はあとを絶ちませんでした。なお、日本人も国民徴用令で徴用されましたが、監視や詐欺、拉致は日本人の労働者にはなかったことで、民族差別です。

労働環境はどのようなものだったか

日本に連れてこられた朝鮮人は、苛酷《かこく》な環境で強制労働させられました。炭鉱などではもっともきつく日本人が避けたがる危険な場所で労働させられたのです。命を落としたり、大けがをする人もいました。また、粗末な食事しか与えられなかったうえに、長時間労働が強制されました。徹底した監視体制がしかれたことも見逃せません。福岡県の麻生《あそう》炭鉱に関する証言では、寄宿舎は「刑務所よりひどかった」といい、板壁で囲まれ、針金が出ていて飛び越えられないようになっていたといいます。逃亡を防止するために強制貯金をさせられるなどで、賃金を受け取れなかった人も少なくありません。また、故郷の家族に送金することになっていたお金も送金されない場合がありました。また、どんなに疲れていたり、病気になったとしても強制的に労働させられたケースが多く見られます。さらに、日本人管理者による朝鮮人への暴力も相次ぎました。日本では協和会という朝鮮人管理組織によって、労働者たちは統制されました。こうした労働環境や暴力は、日本人よりもはるかに苛酷なもので、民族差別でした。

このような労働のあり方は、１９３２年に日本が批准した「ＩＬＯ第29号条約」における強制労働にあたり、国際法違反です。1999年以来、ILO（国際労働機関）の条約勧告《かんこく》適用専門家委員会は、数度にわたって、日本側の朝鮮人に対する行為を強制労働として、勧告しています。

強制労働させられた朝鮮人は、全国各地で民族差別を問題にしながら、抵抗運動を展開しています。日本人が挙国一致体制下で積極的抵抗をなしえなかったのと対照的です。

一人ひとりの人生を考える

徴用工問題を考える際に必要なのは、強制的に労働させられた人やそのまわりの人びとの人生への視点です。苛酷な労働でケガをしたり精神を病《や》んだ人たちは、困難のなかで人生を歩まなければなりませんでした。強制労働によって家族を奪われた人たちは、生死や行方も知らされなかったケースが少なくありませんでした。家族のなかで稼ぎ手を失った人には貧困が襲いかかりました。被害者の遺骨を探しつづけた人、賠償を要求しつづけた人もいます。膨大《ぼうだい》な人たちの人生が歪《ゆが》められたのです。

参考文献

山田昭次・樋口雄一・古庄正『朝鮮人戦時労働動員』岩波書店、2005年

竹内康人『調査・朝鮮人強制労働』①～④、社会評論社、2013～05年

朴慶植『朝鮮人強制連行の記録』未來社、1965年

樋口雄一『協和会――戦時下朝鮮人統制組織の研究』社会評論社、1986年

Q2

「韓国は国際法違反！」と、断言できるのはなぜ？

◆――川上詩朗

はじめに

２０１８年10月30日、韓国大法院《だいほういん》（日本の最高裁判所にあたる）は、元徴用工《ちょうようこう》４人が新日鉄住金株式会社（現在は日本製鉄株式会社に社名を変更）を相手に損害賠償《そんがいばいしょう》を求めた裁判で、元徴用工の請求を認める判決を下し、その判決は確定しました。

この判決に対して、同じ日に開かれていた衆議院本会議において、安倍晋三首相は、「国際法に照らしてあり得ない判断」であり「毅然《きぜん》と対応していく」と答弁しました。

その後、日本では、韓国は国際法違反をしているなどの非難が繰り返されています。

そこでの「国際法」とは、日韓請求権協定（協定）や「条約に関するウィーン条約」（条約法条約）を指しているものと思われます。

日本が韓国に対して、協定1条にもとづいて供与《きょうよ》した無償3億ドルには元徴用工への賠償金が含まれているのだから、徴用工問題は解決済みだという見解があります。

また、協定2条1項には「請求権」に関する問題が「完全かつ最終的に解決」されたと定めているのに、大法院判決はそれを覆《くつがえ》したとして、協定および条約法条約26条(「条約を誠実に履行《りこう》しなければならない」)に違反しているという見解もあります。

はたしてこれらの見解が言うように元徴用工問題は解決済みなのか、検討してみましょう。

元徴用工は何を請求しているのか──慰謝料請求権

まず、元徴用工は何を請求しているのでしょうか。

元徴用工が請求しているのは、未払給料の支払いではなく、日本企業が行った強制動員・強制労働によって被《こうむ》った精神的苦痛に対する慰謝料《いしゃりょう》の支払いについてです。

大法院判決は、問題となるのは「日本政府の韓半島に対する不法な植民地支配および侵略戦争の遂行と直結した日本企業の反人道的な不法行為を前提とする強制動員被害者の日本企業に対する慰謝料請求権」であると述べています。

「反人道的な不法行為」とは、強制動員・強制労働が非人間的でその違法性の程度がきわめて高いことを表しています。また、中国への侵略戦争によって生じた労働力不足を補うために、植民地支配下の朝鮮半島から若者を日本本土に強制動員・強制労働させたという背景があることから、「日本政府の韓半島に対する不法な植民地支配および侵略戦争の遂行と直結した」と述べています。

このように、今回問題とされているのは、元徴用工が被った精神的苦痛に対する賠償金（慰謝料）の問題であるということを確認しておきましょう。

無償3億ドルを支払って解決済み？

それでは、日本が韓国に無償3億ドルを供与したことで、元徴用工の賠償金問題は解決したのでしょうか。

協定1条は、無償3億・有償2億ドルの供与・貸与が「大韓民国の経済の発展に役立つものでなければならない」と定めており、それらが経済協力のためのものであるとしています。現金ではなく「日本国の生産物および日本人の役務《えきむ》（労働などによる務め）」による供与や貸与は、韓国国内でのインフラ整備工事や工場建設などを日本企業と韓国企業が受注し、その代金を日本が支払うなどのかたちで行われました。

このように、無償3億ドルとは韓国国家への経済協力を目的としたものであり、元徴用工への賠償（慰謝料）を直接目的としたものではありませんでした。

このことは、日本政府も認めています。1965年11月19日の参議院本会議において、当時の椎名悦三郎《しいなえつさぶろう》外務大臣は、無償3億ドル等は賠償ではないし、協定2条で請求権を放棄したことの代わりにその対価として供与や貸与するものでもなく、それは経済協力資金であり、「新しい国の出発を祝う」ものであると答弁しています。

すなわち、無償3億ドルにより元徴用工の賠償金（慰謝料）問題は解決したとは言えません。

慰謝料の請求権問題は協定2条1項の合意の対象になっているの？

それでは、元徴用工の賠償問題は協定2条1項により解決済みと言えるのでしょうか。

ここではまず、元徴用工の慰謝料請求権が協定2条1項の「請求権」に含まれているのかが問題となります。

この点、日韓両国で確認された「合意議事録（I）」（1965年12月18日）には、「完全かつ最終的に解決」されたこととなる「請求権」には「『韓国の対日請求要綱』（いわゆる対日8項目）の範囲に属する全ての請求」が含まれており、それらに関しては「いかなる主張もなしえない」と書かれています。そして、対日8項目5項には、「被徴用韓国人の未収金、補償金及びその他の請求権」があげられています。

そこで、元徴用工の慰謝料請求権が対日8項目5項に含まれるのかが問題となります。この点、解釈が分かれています。含まれていないというのが大法院判決の多数意見です。その見解によると、元徴用工の慰謝料の問題は、協定では合意しておらず、大法院判決が元徴用工の慰謝料の支払いを認めたとしても、そもそも協定違反が生じないことになります。

元徴用工個人の慰謝料請求権は協定2条1項で解決済み？

　他方、含まれているという見解もあります。その場合、元徴用工の賠償請求権は「完全かつ最終的に解決」されたとして、元徴用工は「いかなる主張もなしえない」のでしょうか。

　この問題を検討する際のポイントは、国家の有する「外交的保護権」と、個人の有する「個人賠償請求権」を区別して理解することです。

　外交的保護権とは、自国民が外国で違法・不当な取扱を受けた場合、外交手続きなどを通じて自国民の適切な保護や救済を求めることができる国際法上の権利のことです。これは、国家自身の権利です。他方、被害者個人は賠償請求権を有しています。

　この区別を前提としたうえで、「完全かつ最終的に解決した」とは、国家の外交的保護権が消滅したことを意味し、個人の請求権は消滅していないとする見解があります。大法院判決の個別意見（個人の賠償請求権を認めるという結論は多数意見と一致していますが、多数意見と理由づけが異なっている意見）です。近代市民国家においては、国家と個人は区別され、国家は個人の請求権を一方的に消滅させることはできないというのが基本原理です。そして、例外的に消滅させる場合にも明確な根拠が必要です。しかし、協定にはそのことが明確に定められていません。個別意見はこのことを理由に、個人の請求権は消滅していないとしています。

　このような考え方は、日韓請求権協定を締結した当時の日本政府の見解でもありました。

日本政府が連合国と1951年に締結したサンフランシスコ平和条約（サ条約）19条（a）には、日本国が日本国民の連合国に対するすべての「請求権を放棄」すると定めています。原爆により被害を受けた被爆者は、原爆により被爆者が被《こうむ》った損害に関して、原爆被爆者個人の米国に対する賠償請求権もサ条約19条（a）により放棄され消滅したとして、被爆者の賠償請求権を一方的に奪い消滅させた日本政府を相手に、正当な補償などを求める裁判を行いました（原爆訴訟）。その裁判において、日本政府は、サ条約19条（a）が定めている「請求権を放棄」するというのは、国家の外交的保護権を放棄したことを意味し、被害者個人の賠償請求権は消滅していないのであるから、日本政府は補償する責任を負わないと反論しました。

柳井俊二《やないしゅんじ》外務省条約局長（当時）も、協定2条1項において「完全かつ最終的に解決」したというのは、日韓両国が国家としてもっている「外交的保護権」を相互に放棄したということであり、「個人の請求権そのものを国内法的な意味で消滅させたというものではございません」と答弁しています（1991年8月27日参議院予算委員会）。

2000年代に入り、日本政府は、個人の請求権は消滅していないという見解を維持しながらも、裁判において救済されないというように見解を変えています。しかし、今日にいたるまで、個人の賠償請求権は消滅していないということは一貫しており、この点に関しては日韓両国政府の見解に違いはありません。

なお、日本の最高裁判所もサ条約19条（a）に定める「請求権を放棄」の意味について、「裁判上訴求する権能」（裁判所に訴えを求める権利や地位）を失ったが、個人の請求権は消滅していないという判断を示しています（中国人強制連行西松事件に関する２００７年4月27日最高裁判決）。この日本の最高裁判所の見解によれば、被害者が日本の裁判所に損害賠償を求める訴えを提起したとしても、裁判所として被害者を救済する判断を出すことはできないことになります。しかし、個人の請求権は消滅していないのですから、この請求権の処理をめぐる問題は解決していないことになります。

元徴用工の賠償請求権を消滅させる合意は成立しておらず未解決である

このように、協定において、元徴用工の賠償請求権を消滅させる合意は成立しておらず、この問題は、未解決とされてきたのです。

仮に協定によって元徴用工の個人賠償請求権を消滅させる合意が成立しているのに請求を認めたということであれば、約束違反とか国際法（協定）違反との批判はありえるかもしれません。しかし、元徴用工の個人賠償請求権を消滅させる合意は成立しておらず、むしろ残っているとされているのですから、大法院判決がそれを認めたとしても、協定や条約法条約26条に違反したことにはならず、韓国は国際法違反をしているとの批判はあたりません。

私たちは、韓国は国際法違反をしているなどという非難に惑《まど》わされずに、冷静に問題について考えて、日韓関係改善に向けての道理にかなった取り組みを追求すべきではないでしょうか。

参考文献

山本晴太・川上詩朗・殷勇基・張界満・金昌浩・青木有加『徴用工裁判と日韓請求権協定――韓国大法院判決を読み解く』現代人文社、2019年
国際法事例研究会『日本の国際法事例研究（6）戦後賠償』ミネルヴァ書房、2016年
外村大『朝鮮人強制連行』岩波新書、2012年
吉澤文寿『日韓会談1965――戦後日朝関係の原点を検証する』高文研、2015年
李鍾元ほか『戦後日韓関係史』有斐閣アルマ、2017年
太田修『日韓交渉――請求権問題の研究』クレイン、2003年
金恩貞『日韓国交正常化交渉の政治史』千倉書房、2018年

Q3 韓国はなぜ話を蒸し返すのか？

◆金《キム》昌禄《チャンロク》

２０１８年10月30日に韓国大法院《だいほういん》が宣告した強制動員判決（大法院２０１８年10月30日宣告２０１３다６１３８１全員合議体判決）に対して、日本では「なぜ話を蒸し返すのか」という批判がでています。「蒸し返す」の辞書的意味は、「一度解決した事柄をまた問題にする」ことです。はたして、大法院判決は「一度解決した事柄をまた問題にする」ものなのでしょうか？

「請求権協定」違反？

大法院判決の要旨は、「条約の解釈に関する国際法上の基準によって解釈すれば、請求権協定は日本の不法な植民地支配に対する賠償を請求するためのものではなく、韓日両国間の財政的・民事的な債権・債務関係を政治的合意によって解決するためのものなので、日本政府の韓半島に対する不法な植民地支配および侵略戦争の遂行と直結した反人道的な不法行為を前提とする強制動員被害者の日本企業に対する慰謝料請求権

2018年10月30日，徴用工訴訟で新日鉄住金に賠償命令の
判決を出した韓国大法院（提供：EPA＝時事）

は、請求権協定の適用対象ではない、したがって、被告日本企業は原告強制動員被害者に慰謝料を支払うべし」、ということです。ここでの「請求権協定」は、韓日両国が1965年6月22日に締結した「財産及び請求権に関する問題の解決並びに経済協力に関する日本国と大韓民国との間の協定」を指します。

日本政府は、大法院判決が国際法に違反したと繰り返し非難しています。しかし、その国際法とは何なのでしょうか。大法院判決の直後に出された河野外務大臣の談話（「大韓民国大法院による日本企業に対する判決確定について」）では、「大法院判決が日韓請求権協定第2条に明らかに反」するので、韓国政府は「直ちに国際法違反の状態を是正」するよう求める、と言っています。つまり、日本政府の言う「国際法違反」は「請求権協定違反」なのです。

それでは、日本政府が「請求権協定違反」と非難する理由は何なのでしょうか。その理由として「外務大臣談話」に提示されているのは、「請求権協定」の条文だけです。大法院判決は「請求権協定」に対する解釈ですから、それを非難しようとするなら、別の解釈を提示しなければならないはずです。それなのに、解釈の対象である条文のみを提示しているわけです。「われわれの気に入る判決でなければ請求権協定違反、国際法違反だ」、ということなのでしょうか。

「徴用」は解決した

あえて、日本政府の解釈を推測してみるならば、「請求権協定によって解決済みなのに、賠償金を支払えというのは請求権協定違反だ」、ということになるでしょう。問題は、「何が解決済みなのか」ということです。安倍《あべ》晋三《しんぞう》総理は、「旧朝鮮半島出身労働者問題」と言っています。しかし、これはあまりにも漠然《ばくぜん》たる概念なので、法的な意味をもちえません。

日本政府やマスコミは「徴用工《ちょうようこう》問題」とも言っています。たしかに、「徴用」は、「一度解決した事柄」です。「請求権協定」第1条には、日本が韓国に無償3億ドルにあたる「日本国の生産物及び日本人の役務《えきむ》（労働などによる務め）」を供与《きょうよ》すると規定されており、第2条には、「請求権に関する問題が……完全かつ最終的に解決されたこととなることを確認する」、「請求権……に関しては、いかなる主張もすることができないものとする」と規定されています。また、「請求権協定」に関する「合意議事録（1）」には、「『韓国の対日請求要綱』……に関しては、いかなる主張もなしえないこととなることが確認された」と規定されており、韓日会談中に韓国側が提出した「対日請求要綱」には「被徴用韓国人の未収金、補償金」が含まれています。したがって、「被徴用韓国人の未収金、補償金」は「請求権協定」によって解決済み、ということになります。

2018年10月30日，ソウルの大法院の外で支持者に囲まれる
元徴用工の李《イ》春《チュン》植《シク》さん（中央）（提供：EPA＝時事）

ただし、ここでの「解決」が何を意味するのかについては、追加的な確認が必要です。これについて、２０１８年大法院判決の前提となっている２０１２年５月24日の大法院差戻し判決（大法院２０１２年５月24日宣告２００９다６８６２０判決）は、「原告の請求権が請求権協定の適用対象に含まれるとしても、その個人請求権そのものは請求権協定のみによって当然消滅すると見ることはできず、ただ請求権協定によってその請求権に対する大韓民国の外交的保護権が放棄」されたのにすぎない、と判断しています。この点は、日本政府や最高裁判所の判断も同じです。ただし、日本政府は「権利はあっても義務がない」、最高裁は「権利はあっても訴権がない」と付け加えている点が違います。つまり、「個人請求権そのものは請求権協定のみによって当然消滅したのではない」、という立場を共有しながらも、三つの解釈に分かれているのです。

しかし、権利があるなら、それに対応する義務もあり、それを訴訟によって実現できる訴権もあるのが自然です。そうではないと言うならば、明確な理由を示す必要があります。しかし、日本政府や最高裁はその明確な理由を提示することができていません。したがって、「被徴用韓国人の未収金、補償金」は「請求権協定」の適用対象ではあるが、それに対する個人請求権は「請求権協定」にもかかわらず消滅していない、と見るべきなのです。

「強制動員」は解決していない

ところで、2018年大法院判決の対象は、「被徴用韓国人の未収金、補償金」に対する請求権ではなく、「強制動員被害者の慰謝料」に対する請求権です。

大法院判決は、日本に連れていかれ労働に従事させられた原告たちの被害を、「日本政府の韓半島に対する不法な植民地支配および侵略戦争の遂行と直結した日本企業の反人道的な不法行為を前提とする強制動員」による被害と規定しています。そこには、「日本の韓半島支配は規範的な観点から見て不法な強占（強制占領）」だという判断があります。2012年大法院差戻し判決は、その判断の理由として、大韓民国の1948年憲法の前文に「悠久《ゆうきゅう》の歴史と伝統に輝くわれわれ大韓国民は、己未三・一運動によって建立し世界に宣布した偉大な独立精神を継承」すると明記されていることや、現行憲法の前文に「悠久の歴史と伝統に輝くわれわれ大韓国民は三・一運動によって建立した大韓民国臨時政府の法統……を継承」すると明記されていることをあげています。

つまり、大韓民国は、1919年の三・一運動の独立精神と大韓民国臨時政府の法統を継承しており、その両者は日本の支配を否定したので、「日本の韓半島支配は規範的な観点から見て不法な強占」である、ということなのです。

さらに、2012年大法院差戻し判決は、その延長線上で、「徴用」の根拠法令である「国家総動員法」や「国民徴用令」などの効力を否定しています。その判断の直接的な根拠は、1948年憲法第100条（「現行法令はこの憲法に抵触しない限り効力をもつ」）にあります。ここでの「現行法令」は、大韓民国政府の樹立の時点に残っていた米軍政の法令と、米軍政によって効力が認められた日本の植民地法令を指しています。第100条の意味は、それらの法令が大韓民国憲法に抵触すれば効力がない、ということです。大法院は、「徴用」の根拠法令である「国家総動員法」や「国民徴用令」などが、不法な植民地支配に直結するものとして大韓民国憲法に抵触するので効力がないと判断したうえで、原告たちの被害が法的な根拠のない強制動員（強制連行と強制労働）によるものである、と断じたのです。

そのうえで、2018年大法院判決は、原告たちの請求権は「請求権協定」の適用対象ではない、と判断しました。「請求権協定は日本の不法な植民地支配に対する賠償を請求するためのものではなく、基本的にサンフランシスコ平和条約第4条にもとづいて韓日両国間の財政的・民事的債権・債務関係を政治的合意によって解決するためのもの」だからです。サンフランシスコ平和条約第4条は、その第2条による「領土の分離」にともなう請求権問題を韓国と日本が「特別取極《とりきめ》」によって処理する、と規定しています。ところで、サンフランシスコ平和条約第2条による「領土の分離」は、分離される前の領土の不法性を前提としたものではなく、そもそもサンフランシスコ平和条約は、「植民地支配責任」をまったく考慮していません。その結果、サンフランシスコ平和条約にもとづいて締結された「請求権協定」においても「植民地支配責任」は対象外だったのです。

この点については、1965年当時韓日の解釈は一致していました。韓国側は「領土の分離・分割にともなう財政上および民事上の請求権」が解決したと解釈し、日本側も「わが国による朝鮮の分離独立の承認により、日韓両国間において処理を要することとなった両国および両国民の財産、権利および利益ならびに請求権に関する問題」が解決したと解釈したのです。当時の韓国政府が言ったとおり、「日本の36年間の植民地的統治の代価」は「請求権協定」の対象ではなかったのです。条約の一方の当事者であった日本政府が、韓日会談の全過程において「植民地支配責任」そのものを頑《かたく》なに否定したことを考えると、これは当然のことであると言えるでしょう。

上述のように、大法院判決は、「被徴用韓国人の未収金、補償金」ではなく「強制動員被害者の慰謝料請求権」についての判断です。「請求権協定」によって解決されたものではなく、「請求権協定」の範囲外の「植民地支配責任」についての判断なのです。ですから、約束したことがないのに「約束を守らない」と非難し、解決した事柄ではないのに「蒸し返す」と非難することは、まったくの的外れとしか言いようがありません。

参考文献

김창록（金昌禄）「대법원 강제동원 판결 국면 점검（大法院強制動員判決局面の点検）」①〜⑦、『오마이뉴스（オマイ・ニュース）』(http://www.hani.co.kr/)、２０１９年7月30日〜8月30日

金昌禄「韓日請求権協定――解決されなかった『植民地支配責任』」『歴史評論』第７８８号、２０１５年12月

topic_1

日本の軍事動員と皇民化政策

◆――金《キム》 庾昆《ユビ》

日本の侵略戦争と朝鮮人

日本の侵略戦争である1937年からの日中戦争と1941年からのアジア・太平洋戦争は、国家全体を総動員する総力戦でした。これらの日本の侵略戦争では、日本人だけではなく、植民地の人まで動員されました。とくに、植民地朝鮮では、日中戦争の開始以降、朝鮮人を軍事動員する動きが本格化します。

しかし、日本の朝鮮人軍事動員は、困難に直面します。朝鮮人は、自分たちを支配していた日本に対して反感をもっていましたし、日本の戦争動員に抵抗していたからです。したがって、朝鮮軍（朝鮮に駐屯していた日本軍）と朝鮮総督府は、朝鮮人を皇軍《こうぐん》兵士にすることへの不安と恐怖がありました。それは、朝鮮人が皇軍になり学んだ軍事技術で反乱を起こすことへの憂慮《ゆうりょ》や、兵役《へいえき》義務を課することによって朝鮮人への参政権付与問題が浮上するのではないかという問題、さらには朝鮮人に日本語が普及していないという言語的な問題でした。そのため、植民地朝鮮では、皇民化《こうみんか》政策が本格化しました。

皇民化政策の実施

皇民化政策というのは、朝鮮における戦時動員体制を強化するために、朝鮮人を「皇国臣民」にする政策でした。当時朝鮮総督であった南次郎は、朝鮮人を徴兵制で徴兵すること、天皇が朝鮮を訪問することを統治の最終目標とし、「内鮮一体《ないせんいったい》」というスローガンを掲げながら、皇民化政策を強く推進していました。そのため、学校教育制度の改編、神社崇拝・創氏改名《そうしかいめい》の強要、志願兵制度の実施などが行われました。学校教育では、1937年10月に朝鮮人に「皇国臣民」としての自覚を植えつけるため「皇国臣民ノ誓詞《せいし》」を制定し、学校・官公署・職場など朝鮮人が集合する場所での斉唱《せいしょう》が義務づけられました。1938年3月には第三次朝鮮教育令が公布され、教科書は文部省編纂の教科書に統一されました。そして、朝鮮語は随意科目とされ、教育現場から朝鮮語を排除することに力がそそがれました。また、朝鮮人に神社参拝が強要されました。さらに、創氏改名では、朝鮮人に日本人と同じ「氏」の制度が強要されました。朝鮮総督府は行政機構により圧力をかけたので、朝鮮人の8割が日本人式の氏を名乗らされることになりました。つまり、朝鮮人に今まで使っていた朝鮮の名前を、日本式に変えるように強要したのです。

陸軍志願兵制度の実施

1938年2月には、朝鮮で初めての軍事動員政策である「陸軍特別志願兵制度」が公布されました。この制度は、「志願」というかたちで、少数の朝鮮人志願兵を募集する政策でした。

1938年から1943年までの施行期間中、80万2327名が志願し、1万7664名が訓練所に入所・訓練所を経て1万6830名が日本軍に入隊しました。しかし志願者が80万を超えたのは、朝鮮人が日本の軍人になるため熱烈に志願したというよりも、志願者数を「皇民化の指標」とみなしていた総督府と朝鮮軍側によって、役所や警察が朝鮮の青年に志願を強要した側面が強いのです。朝鮮人志願兵は、皇民化政策のモデルとして宣伝に利用される一方、兵力として動員され、戦線に向かい戦死・戦病死するなど、多大な犠牲を強いられました。

学徒兵制度の実施

1943年からは、「陸軍特別志願兵臨時採用規則」が公布され、学生を対象とする学徒志願兵制度が施行されます。これまで大学などの高等教育機関に在学していた学生は徴集の延期が認められましたが、1943年からは20歳以上の文系（理系の一部も）の学生たちは在学途中でも徴兵徴集されることになりました（学徒出陣）。その際に、朝鮮人の学徒志願兵募集が行われ志願が強要されました。入営した朝鮮人学徒兵たちは、逃走や敵に投降し、その一部は、朝鮮の独立のために、独立運動に献身しました。

海軍志願兵制度の実施

１９４３年には、陸軍のみではなく、海軍も朝鮮人志願兵制度を実施しました（「海軍特別志願兵制度」）。海軍は、船に乗る際に団結力・技術と高度な訓練を重視し、朝鮮人が一緒に船に乗ることに反対していて、志願兵制度を実施していませんでした。しかし戦況が悪化し、兵力が不足すると、朝鮮人を動員することになりました。１９４３年７月、軍港の鎮海で訓練が始まり、３０００名以上の朝鮮人青年が海軍志願兵になりました。

徴兵制度の実施

さらに、１９４４年からは、朝鮮で徴兵制度が実施されました。日本軍の兵力不足が深刻化するなかで、政治的判断、つまり挙国一致《きょこくいっち》体制を強化する目的という面から徴兵制が施行され、朝鮮人にも兵役に服する義務が課されました。強制的に徴兵された多くの朝鮮人は、労働任務にあたりました。徴兵制が実施された１９４４年からは、日本が太平洋各地で負けつづけ、とくに45年からは日本軍は日本本土で連合軍と決戦をする、という「本土決戦」を準備しはじめます。そして、連合軍の攻撃から守る防御施設や、飛行場などの建設を急いで行いました。その際に朝鮮人は軍人として強制動員され、過酷《かこく》な労働を強いられたのです。たとえば、徴兵された朝鮮人は農耕勤務隊という部隊に配属されて、日本各地で食料増産のために農作業を行いました。また、食料用の農作物生産だけでなく、特攻用航空機の燃料のアルコールを取るための甘藷《かんしょ》栽培も任務でした。また、野戦勤務隊という部隊に配属され、軍関係労務を強いられました。なお、徴兵された一部の朝鮮人は、１９４５年８月、ソ連軍が満洲を攻撃する時に、身を守る訓練も受けることなく戦線に動員され、犠牲になりました。朝鮮人徴兵徴集者は、約17万と言われています。

軍属の動員

朝鮮人軍属の動員は、１９４１年から始まり、およそ15万５０００人の朝鮮人が日本本土や中国、太平洋、東南アジアで基地建設の土木作業や運輸業務などの任務に割り当てられました。そのなかで、連合軍捕虜を収容した捕虜収容所で勤務した朝鮮人軍属がいました。彼らは、日本軍人の命令に従って捕虜の監視や管理をしましたが、捕虜虐待の非人道的行為で戦後B・C級戦犯として起訴され、129名が有罪判決を受け、14名が死刑になりました。

朝鮮人軍人・軍属の戦後

1938年から45年、日本が敗戦し朝鮮が解放されるまで、約36万を超える朝鮮人の軍人・軍属が日本軍隊に動員されました。日本の侵略戦争に動員された朝鮮人たちは、朝鮮国内はもちろん日本、満洲、中国、太平洋など、戦地において死亡または行方不明となるなど、大きな犠牲を被《こうむ》ることになりました。戦後、日本軍所属の元朝鮮人軍人は、志願を強要され、強制的に徴兵されたにもかかわらず、日本軍に協力した反逆者と思われることを恐れ、自分たちの権利を主張したり、声を出したりすることも難しかったのです。また、日本の植民地軍人・軍属として動員された朝鮮人たちは、戦後に、朝鮮人という理由で、一部の人を除くと軍人恩給が支給されないなど、援護もろくにもらえませんでした。戦後74年が過ぎて戦争の記憶が風化する今、日本の侵略戦争に動員された朝鮮人が多大な犠牲を被ったことを忘れてはならないと思います。

参考文献

糟谷憲一・並木真人・林雄介『朝鮮現代史』山川出版社、2016年

塚﨑昌之「朝鮮人徴兵制度の実態」『在日朝鮮人史研究』第34号、2004年10月

樋口雄一『戦時下朝鮮の民衆と徴兵』総和社、2001年

宮地正人監修、大日方純夫・山田朗・山田敬男・吉田裕著『増補改訂版　日本近現代史を読む』新日本出版社、2019年

山崎正男「陸軍軍制史梗概」松本一郎編・解説、森松俊夫監修『「陸軍成規類聚」研究資料』緑蔭書房、2009年

PART－2

主戦場としての「慰安婦」問題

――「少女像は反日」か？

ソウルの日本大使館前に座る《平和の少女像》（2016年4月，撮影：岡本有佳）

Q4

日本軍の強制連行はなかった？

吉見義明

木を見て森を見ない議論

「木を見て森を見ない」という言葉がありますが、これは小さいことに心を奪われて、全体を見通せないことを言います。軍「慰安婦」にされた女性たちは自由意思で売春したと言う人たちが「日本軍による強制連行」だけを問題にするのは、これにあたります。もっと些末《さまつ》な「枝を見て森を見ない」議論と言ってもいいでしょう。というのは、日本軍がつくった軍慰安所で、女性たちが強制的に軍人の性の相手をさせられたことが問題の核心だからです。これを強制使役《しえき》と言いますが、本人の同意がなく、性の相手となることを強制したら、これは強制性交（強かん）になります。

また、女性たちは自由意思で売春したと言う人たちは、強制連行とは暴行《ぼうこう》・脅迫《きょうはく》をともなう連行（暴力的連行）のことであって、これだけが問題だと言いますが、そうではありません。本人の自由意思に反する連行はすべて強制連行であり、そのかたちはいろいろあります。そして、軍「慰安婦」の連行では、それらはどれも日本軍や日本国家の責任になることを見てみましょう。

強制連行のかたち

強制連行にはいろいろのかたちがありました。問題となるのは、①親にお金を渡して連れていく方法（これを人身売買と言います）、②だまして連れていく方法（これは誘拐《ゆうかい》と言います）、③暴力や脅《おど》しによって連れていく方法（これは略取《りゃくしゅ》と言います）です。日本・朝鮮・台湾から女性を海外に連れていく場合には、これらはどれも当時の刑法に違反する犯罪でした。刑法第２２６条には、「帝国外に移送する目的を以《もっ》て」人を略取または誘拐または売買した者は２年以上の有期懲役《ちょうえき》に処す、と書かれているのです（吉見『日本軍「慰安婦」制度とは何か』）。

このように、略取と誘拐と人身売買とは同じ重さの犯罪でした。暴力的連行はダメだが、だましたり、お金を渡したりして連れていくのはいいとは絶対に言えないのです。

また、現場でだれがそれを行うかを見ると、①軍が自分で行う場合、②警察や行政組織が行う場合、③軍か警察に選定された業者が行う場合がありました。組み合わせると少なくとも9個の形態がありえることになります。

中国・東南アジア・太平洋地域では

1931年の満洲事変から1945年の日本の敗戦まで、日本軍はつぎつぎに中国各地、東南アジア・太平洋地域を占領していきましたが、これら各地に日本軍によって軍慰安所がつくられました。その時、地元の女性たちが「慰安婦」にされましたが、軍が暴力的に女性たちを連行したケースは数多くありました。

中国の山西省の女性たちが軍により暴力的に連行されたことは詳しく解明されています（石田・内田編『黄土の村の性暴力』）。この事実は日本の最高裁判所も認めています。海南島でも同様だったことは東京高等裁判所も認めています。インドネシアのジャワ島のスマランでは、収容所に入れられていたオランダ人女性たちが日本軍の幹部候補生隊により1944年に暴力的に連行されました（吉見『従軍慰安婦』）。フィリピンやインドネシア、チモール島等の女性たちも暴力的に連行されたと証言しています。

軍や行政組織がかかわって、女性たちを軍慰安所に行かせる場合もありました。中国の天津市では、日本軍の指示により天津市政府が性売買業者に妓女《ぎじょ》（性売女性）を供出させました。しかし、軍慰安所に行くことをきらった女性たちは逃亡するなど抵抗しました（林・張「天津の日本軍『慰安婦』供出システム」）。軍の指示により業者が人身売買などで女性たちを連行することもありました。また、軍が自ら女性たちを集めることもありました。戦車第三師団のある経理将校は、1944年に中国洛陽で「慰安婦」を集めるよう命じられ、貴重品だった塩をくばって十数名の女性を集めたと言います（吉見『従軍慰安婦』113頁）。これは塩による人身売買と言えるでしょう。

朝鮮・台湾・日本では

朝鮮人・台湾人・日本人の女性も軍「慰安婦」にされました。その多くは、軍や警察によって選定された業者が人身売買によって女性たちを連れていったケースです。親にお金を前渡しし（このお金は前借金《ぜんしゃくきん》と言います）、この借金が返済できない間は軍慰安所から出られませんでした。

工場の仕事だとか、看護婦さんのような仕事だとか、飲食店の仕事だとか言って騙《だま》されて連れていかれる誘拐のケースも少なくありませんでした。在日の元「慰安婦」被害者の宋神道《ソンシンド》さんは、朝鮮で結婚がいやで家出して生活に困っている時に、「無理して嫁御《よめご》に行く必要ない、戦地さいけば国のためにはたらくにもいいし」と朝鮮人のおばさんにだまされて業者に引き渡され、1938年に中国武昌の軍慰安所に連れていかれました。そして、いやなら旅費・食費・着物代などが借金となっているから、それを返せと慰安所の業者に言われて、軍人の性の相手を強制されました（西野・金編『アジア「慰安婦」証言集』I。川田『皇軍慰安所の女たち』）。このおばさんは軍か警察に選定された業者の下請けをしていた人身売買業者です。

女性たちは自由意思で売春をしていたと言う人たちがよく引用するアメリカ軍の資料には、朝鮮の女性たちは「病院にいる負傷兵」を見舞うような楽な仕事という業者の「偽りの説明」を信じ、前借金を受けとって1942年にビルマに連行され、「軍の規則と『慰安所の楼主《ろうしゅ》』のための役務《えきむ》に束縛《そくばく》」されたとあります

（吉見編『従軍慰安婦資料集』４４０～４４２頁）。自由意思ではなく、人身売買と誘拐により、むりやり軍人の性の相手をさせられていることがわかります。

軍による暴力的な連行が朝鮮であったことについては、被害者の証言はありますが、これを裏づける史料は今のところありません。しかし、それがなかったということを明らかにする史料もありません。これについては、今後の史料の発掘や研究の進展を待つしかないでしょう。

しかし、軍や警察に選定された業者が、軍や警察の支援を受けて、人身売買や誘拐の方法で女性たちを連行したことは否定できません。

まず、１９３８年3月に陸軍省は、派遣軍が軍慰安所をつくることと、派遣軍が業者を選定して「慰安婦」を集めさせることを承認し、ついで募集にあたっては「関係地方の憲兵及《およ》び警察との連携《れんけい》を密《みつ》に」するよう派遣軍に指示しています（吉見『従軍慰安婦資料集』１０５～１０６頁）。

１９３８年11月に中国の広東省《カントン》にいた第二一軍司令部は、日本で「慰安婦」４００名を集めるために、警察の元締《もとじ》めである内務省警保局《けいほきょく》に募集を依頼し、内務省警保局は大阪・京都・兵庫・福岡・山口の警察に人数を割り当てて、業者を選定してその業者に集めさせるように指示しました。この時、業者が前借金を払って遊廓《ゆうかく》にいる女性たちを連れていくことを認めています。警察は人身売買を黙認しているのです。こうして、日本から約４００名、これとは別に台湾から約３００名の女性が広東省に連行されました（吉見『買春する帝国』１９６頁）。台湾でも同様の方法で集められたと推測されます。

１９４２年の朝鮮のケースはすでに見ましたが、ここでも犯罪行為である人身売買や誘拐を朝鮮総督府の警察が黙認していると考えるほかありません。

日本軍と国家の責任

人身売買や誘拐や略取によって女性たちは連れていかれたのですが、軍慰安所は軍がつくり、管理・統制していました。そのなかで女性たちが拘束され、自由のない性奴隷状態に置かれていたとしたら、軍の責任、したがって日本国家の責任は重大です。この点は次のＱ５を見てください。

参考文献

石田米子・内田知行編『黄土の村の性暴力――大娘たちの戦争は終わらない』創土社、２００４年
川田文子『皇軍慰安所の女たち』筑摩書房、１９９３年
西野瑠美子・金富子編『証言未来への記憶　アジア「慰安婦」証言集』Ⅰ、明石書店、２００６年
吉見義明編『従軍慰安婦資料集』大月書店、１９９２年
吉見義明『従軍慰安婦』岩波新書、１９９５年
吉見義明『日本軍「慰安婦」制度とは何か』岩波ブックレット、２０１０年
吉見義明『買春する帝国――日本軍「慰安婦」問題の基底』岩波書店、２０１９年
林伯耀・張友棟「天津の日本軍『慰安婦』供出システム」、西野瑠美子・林博文・VAWW-NET Japan編『日本軍性奴隷制を裁く　２０００年女性国際戦犯法廷の記録』４巻、緑風出版、２０００年

Q5

「慰安婦」は、ビジネスで、「性奴隷」ではない？

◆——金 富子

日本社会のなかには、「慰安婦」に対して「ビジネス」「商行為」「売春婦」とか、「性奴隷ではない」などと声高に叫ぶ人がいます。こうした発言は、保守系の有力な政治家や政府首脳に多いのが特徴です。

政治家や政府首脳の発言から——タテマエとホンネの使い分け

有名な例では、1996年6月に自民党の奥野誠亮《おくのせいすけ》氏（「明るい日本・国会議員連盟」会長、当時）が記者会見で、教科書の「慰安婦」記述に関連して、「慰安婦は商行為」「強制連行はなかった」と発言しました。

しかし、その3年前の1993年、同じ自民党の河野洋平《こうのようへい》官房長官（当時）が調査の結果、「慰安所は、当時の軍当局の要請により設営されたものであり、慰安所の設置、管理及び慰安婦の移送については、旧日本軍が直接あるいは間接にこれに関与した」と公式に認め、「当時の軍の関与の下に、多数の女性の名誉と尊厳を深く傷つけた問題」「お詫《わ》びと反省の気持ち」を表明し、歴史教育などによる再発防止を約束しました。

これが有名な「河野談話」であり、現在も日本政府の公式見解です。つまり、奥野氏は、「慰安婦」問題に対する日本政府の公式認定と謝罪をふみにじって、「慰安婦は商行為」だと日本政府の責任を否定したのです。

また、最近の例でも、2016年1月14日、自民党の衆院議員で元文部科学副大臣の桜田義孝《さくらだよしたか》氏が自民党本部で開かれた合同会議で、韓国の「慰安婦」問題について「職業としての娼婦《しょうふ》だった。ビジネスだ。これを犠牲者のような宣伝工作に惑《まど》わされ過ぎている」などと発言しました。しかし、その2週間前の2015年12月、安倍晋三《あべしんぞう》政権と朴槿恵《パククネ》政権（当時）との間で「慰安婦」問題に関する日韓外相による「合意」（日韓「合意」）が発表され、岸田文雄《きしだふみお》外相（当時）が「当時の軍の関与の下に、多数の女性の名誉と尊厳を深く傷つけた問題であり、かかる観点から、日本政府は責任を痛感している」と表明したばかりでした。

ここでも、日本の外相が公《おおやけ》に「慰安婦」問題を「女性の名誉と尊厳を深く傷つけた」「日本政府は責任を痛感」と表明したすぐあとに、自民党の桜田氏が「ビジネス」「娼婦」などと日本政府の公式表明と180度反対の発言をしたので、日本政府の謝罪を否定したことになります。しかし注意が必要なのは、桜田発言が飛び出した同じ2016年1月、安倍首相と岸田外相がそろって国会で、「慰安婦」を「性奴隷 sex slaves」とするのは「事実に基づかない表現」と指摘したことです。つまり、日韓「合意」で「責任を痛感」と表明した日本政府首脳自らが、「性奴隷」という呼び方を否定したのです。

このように、日本政府が公式謝罪するとそれに反発する政治家の発言がでてくること、彼らが「商行為」「ビジネス」と強調するのは日本軍や日本の責任を否定したいという意図があること、しかも政府首脳でさえ海外向けに「女性の名誉と尊厳を深く傷つけた」と表明するのに、日本内では「性奴隷ではない」「強制連行はなかった」(Q4参照)などと矛盾した発言をしています。つまり、タテマエとホンネを使い分けています。これは、政治家に限りません。２０００年代に入ってインターネットやSNSが普及すると、こうした見方は匿名のネット右翼によって急速に日本社会に広がっていきました。しかし、つぎに見るように、国際社会では「慰安婦」を日本軍による「性奴隷」とする見方が一般的です。

ではなぜ、日本社会では、こうした発言がでてくるのでしょうか？　その背景を考えるために、そもそも「慰安婦」問題とはどういう問題なのかを見ていきましょう。

日本軍「慰安婦」問題とは何？

「慰安婦」とは慰安所に拘束されて軍人・軍属の性の相手をさせられた女性たちであり、その慰安所とは日本軍が日本の占領地や戦場に設置した性的施設のことです。重要なことは、「慰安婦」や慰安所を制度的につくったのは日本軍だったことです。つまり「慰安婦」問題とは正確には日本軍「慰安婦」問題です。

では、なぜ日本軍が「慰安婦」制度をつくったのでしょうか。それを見るためには、日本による侵略戦争や植民地支配の歴史と「慰安婦」制度との関係を振り返る必要があります。

日本は１８９５年台湾に対し、１９１０年朝鮮に対し、軍事力で植民地支配を始めました(Q8参照)。これらを背景に、歴史上初めて「慰安婦」という名が登場したのは、１９３２年に日本が中国で起こした上海《シャンハイ》事変《じへん》の時でした。その前年の1931年9月に関東軍（=日本軍）が満洲《まんしゅう》（中国東北）を全面占領し、32年3月には傀儡《かいらい》国家「満洲国」を建国した頃でした。上海で日本の海軍が慰安所をつくり、陸軍も慰安所をつくりました。当時、上海に派遣された岡村寧次《おかむらやすじ》という軍人（当時、派遣軍参謀副長、のち支那《しな》派遣軍総司令官）は「斯《か》く申す私は恥かしながら慰安婦案の創設者である。上海事変のとき……強姦罪が発生したので……同地海軍に倣《なら》い、長崎県知事に要請して慰安婦団を招き」（『岡村寧次大将資料 戦場回想篇』稲葉正夫編、1970年）とみずから告白しました。その後、兵士の強かん防止や性病予防という理由で設置されはじめました。

とくに1937年7月、日本が中国への全面戦争を始め、中国各地を占領していくと、日本軍による強かん事件が相次いだ（同年12月の南京事件が有名）ことから、慰安所が大量に設置されていきました。日本や、植民地だった朝鮮や台湾から女性たちが慰安所に連れてこられて、「慰安婦」にされました。占領地の中国人女性も強かんされたり、「慰安婦」にされたりしました。強かん防止を名目に慰安所が設置されましたが、実際は慰安所があっても強かんが止むことはありませんでした。先に引用した岡村は、当時の様子を「現在の各兵団は、殆《ほとん》どみな慰安婦団を随行《ずいこう》し……第六師団の如《ごと》きは慰安婦団を同行しながら、強姦罪は跡を絶たない有様である」と述べています。

1941年12月、日本とアメリカやイギリスなど連合国との間でアジア・太平洋戦争が始まると、東南アジアや太平洋諸島の広大な地域に慰安所が広がっていきました。フィリピン人やインドネシア人、インドネシアにいたオランダ人などの女性が「慰安婦」にされました。また、日本人や朝鮮人女性もこれらの地域に、軍用船などで「慰安婦」として連行されました。陸軍の場合、最初は中国で現地の軍が中央の承認を受けて慰安所を設置しましたが、１９４２年以降に占領地が広がると陸軍省自らが設置に乗り出しました。

なぜ「慰安婦」の実態は「性奴隷」と言えるのか

このように、慰安所を創設し、設置し、維持する主体は日本軍でした。業者が慰安所を経営する場合もありましたが、その管理や統制を行ったのも日本軍でした。「慰安婦」制度への日本軍の責任は明らかです。

このことは、日本軍の公文書（ほとんどがアジア歴史資料センターのＨＰで閲覧可能）、日本軍将兵や被害女性の証言などによって十分に立証されています。たとえば、各地の現地部隊は慰安所の規定をつくったりしたので、これらを見ると、慰安所の実態がある程度わかります。図１は、中国湖南省の葛店に駐屯した独立歩兵第三連隊の慰安所規定（１９３９年11月）の一部です。（第七の）項目11に、はっきりと「慰安婦の外出に関しては連隊長の許可を受くべし」とあるので、「慰安婦」は許可なく外出できない、つまり外出の自由がなかったことがわかります。また、附図第一には「第一慰安所」「第二慰安所」と明記され、「慰安に関する業務の全般の統制」も部隊がしていたこともわかります。

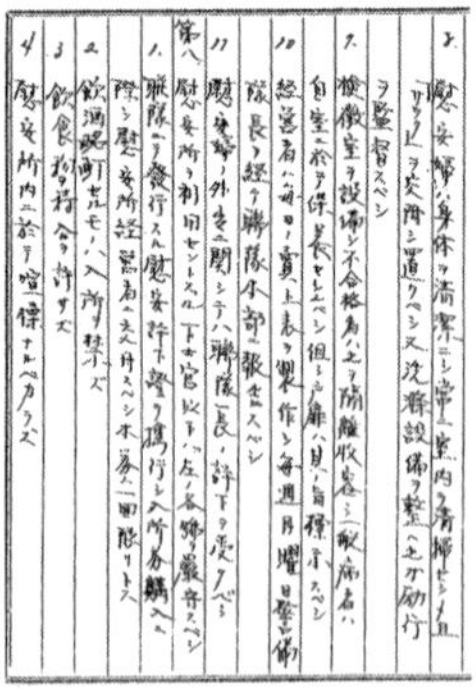
8. 慰安婦ハ身体ヲ清潔ニシ常ニ室内ノ清掃ヲセシメ且「サック」ヲ室内ニ置クベシ又洗滌設備ヲ整ヘ之ガ励行ヲ監督スベシ
9. 検黴室ヲ設備シ不合格者ハ之ヲ隔離収容シ軽症者ハ自室ニ於テ保養セシムベシ但シ扉ハ其ノ旨標示スベシ
10. 経営者ハ毎日ノ賣上表ヲ製作シ毎週月曜日警備隊長ヲ経テ聯隊本部ニ報告スベシ
11. 慰安婦ノ外出ニ関シテハ聯隊長ノ許可ヲ受クベシ
第八 慰安所ヲ利用セントスル下士官以下ハ左ノ各項ヲ厳守スベシ
1. 聯隊ニテ発行スル慰安許可證ヲ携行シ入所券ヲ購入シ隊ノ慰安所経営者ニ支払フベシ本券ハ一回限リトス
2. 飲酒酩酊セルモノハ入所ヲ禁ズ
3. 飲食物ノ持込ヲ許サズ
4. 慰安所内ニ於テ喧騒ナルベカラズ

図1　独立歩兵第三連隊の慰安所規定（1939年11月）

では、なぜ「慰安婦」は「性奴隷」だと言えるのでしょうか？　それは、「慰安婦」たちがどんなかたちで連れていかれようと、慰安所に拘束されて日本軍の軍人たちを相手に性行為を強いられたからです。

日本軍「慰安婦」制度研究者である吉見義明氏は、「慰安婦」は次の四つの自由が奪われたと述べます。(1)「外出の自由」。図1のとおり「慰安婦」はつねに軍の監視下に置かれ許可なく外出できませんでした。(2)「居住の自由」。女性たちは慰安所で生活しなければなりませんでした。(3)「廃業の自由」。契約年限を終えるとか前借金《ぜんしゃくきん》の返済を終えるまで、やめたくてもやめることはできませんでした。(4)「拒否の自由」。「慰安婦」は軍人との性行為を拒否できませんでした。拒めば軍人や業者に暴力を振るわれました。性行為の強要とは強かん(強制性交)です。慰安所で人間扱いされずに性行為を強いられた「慰安婦」は「性奴隷」にほかなりません。

このように「慰安婦」制度とは日本軍による組織的な性暴力制度、つまり性奴隷制でした。このことは、国際社会で1992年から現在まで「性奴隷制 sexual slavery」とされて広く知られるようになりました。

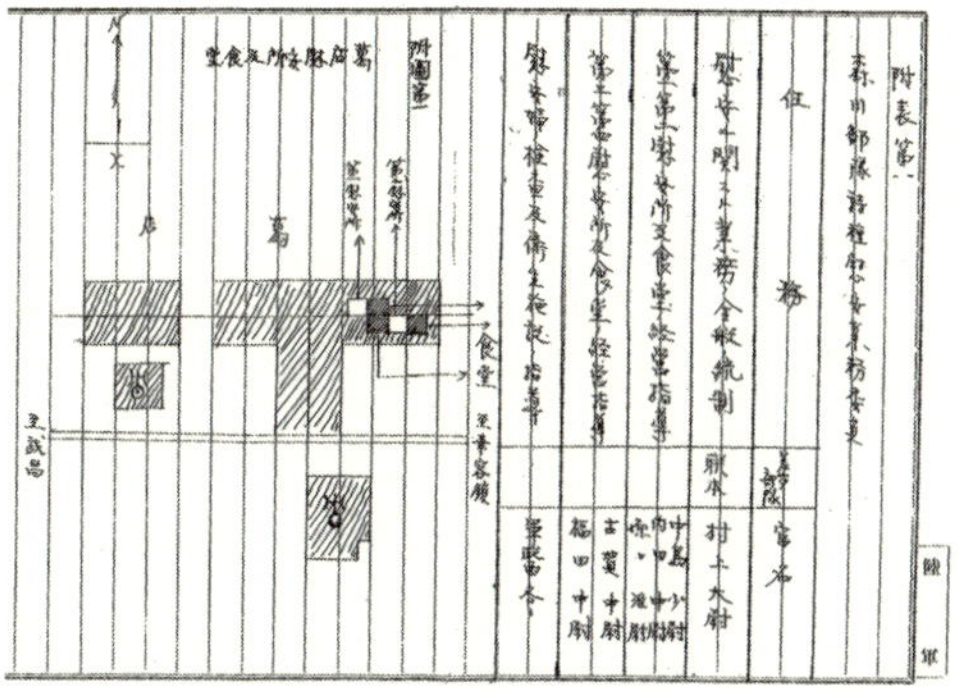

何がなんでも「慰安婦」=「性奴隷」を否定したい人びと

しかし、日本社会には、「慰安婦」は「ビジネス」「性奴隷ではない」と主張する政治家やネット右翼たちが絶えません。彼らには、以下のような二つの特徴があります。

まず、過去の帝国日本が行った中国などアジア諸国への侵略戦争、さらに台湾・朝鮮の植民地支配について、どうしても日本の過ちや加害責任を認めたくない、過去の日本の歴史を肯定したいという欲望です。これは歴史をゆがめたり、美化するので歴史修正主義と呼ばれます。

中国への侵略戦争について、前述の「慰安婦は商行為」と発言した奥野誠亮氏は、国土庁長官だった1988年、国会で「日本に侵略の意図はなかった」と発言して、閣僚を辞任しました。

また、日本政府は朝鮮の植民地支配については、戦後一貫して正当化してきました。しかし、社会党出身の村山富市《むらやまとみいち》首相（当時）が1995年8月に「植民地支配と侵略」への「お詫びの気持ち」を表明（「村山談話」）しました。これに対し、自民党の江藤隆美《えとうたかみ》氏はこの村山内閣で総務庁長官を務めながら、同年11月、「植民地時代、日本はいいこともした」と発言して閣僚を辞任しました。2013年には、村山談話に関連して、安倍首相も国会で「侵略の定義は学界的にも国際的にも定まっていない」と発言しました（実際は1974年に国連第29回総会で「侵略の定義に関する決議」は日本も賛成し採択されました）。

このように、過去の侵略戦争や植民地支配について歴史修正主義的な歴史観をもつ人びとは、「慰安婦」問題についても、「慰安婦はビジネス」だとして旧日本軍や日本政府の責任を否定するのです。

つぎに、「慰安婦」を「性奴隷」だと認めることは、「日本人の名誉を傷つける」ことだと認識していることです。その代表的な例もまた、安倍首相の発言に見ることができます。2014年に『朝日新聞』の「慰安婦」報道に関連して、安倍首相は国会で「日本のイメージは大きく傷ついた。『日本が国ぐるみで性奴隷にした』との、いわれなき中傷がいま世界で行われている」と述べました。つまり、安倍首相は「慰安婦」問題を事実の問題や女性の人権にかかわる問題ではなく、日本のイメージや日本人の名誉が傷つけられた問題と考えていることがわかります。

しかし、もっとも傷つけられたのは被害者なのです。また、過去の日本が侵略戦争や植民地支配をしたことも、旧日本軍が「慰安婦」制度をつくったことも、歴史的事実です。あったことをなかったことにはできません。日本政府は事実と向き合い、反省すべきは反省し、被害者が求めるホンネの謝罪と補償、そして二度と同じことを繰り返さないための歴史教育・人権教育を実現することこそが、近隣諸国や国際社会での日本のイメージアップにつながるのではないでしょうか。

参考文献・webサイト

中野敏男ほか編著『「慰安婦」問題と未来への責任――日韓「合意」に抗して』大月書店、２０１７年
日本軍「慰安婦」問題webサイト制作委員会編『Q&A「慰安婦」・強制・性奴隷――あなたの疑問に答えます』御茶の水書房、２０１４年
日本軍「慰安婦」問題解決全国行動作成、日本の戦争責任資料センター監修『日本軍「慰安婦」関係資料21選』２０１５年
吉見義明『日本軍「慰安婦」制度とは何か』岩波ブックレット、２０１０年
Fight for Justice 日本軍「慰安婦」――忘却への抵抗・未来の責任 http://fightforjustice.info

Q6

なぜ米国にも「慰安婦」の碑を建てるのか？

◆金《キム》美穂《ミホ》

日本軍の「慰安婦」被害を記憶するメモリアル（像・碑）は、韓国だけでなく、米国やカナダ、オーストラリア、欧州、そして中国にも広がっています。それは、いまだ軍事性暴力が絶えない世界のなかで、平和と女性の人権を求める記憶運動なのです。

サンフランシスコ、日本軍「慰安婦」正義連盟の誕生

私が暮らすサンフランシスコで「慰安婦」像が公共の場に建てられたのは、２０１７年9月22日のことです。ここにいたるまでには、私が世話人の一人をつとめている日本軍「慰安婦」正義連盟（Comfort Women Justice Coalition：ＣＷＪＣ）に草の根のさまざまな団体が結集し、「慰安婦」を否定する勢力と闘う、粘り強い運動がありました。その「主戦場」となったのが、２０１５年7月にエリック・マー議員（当時）を通してサンフランシスコ議会に提出された『慰安婦』メモリアル建設決議案」をめぐって開かれた公聴会の場で

した。
「慰安婦」否定派は2014年頃から活動を強め、幸福の科学は「正しい歴史」の講演会などを地元で開催していました。そして決議案が提出されるや、元「在日特権を許さない市民の会（在特会）」幹部の山本優《ゆ》美《み》子《こ》氏が在米日本人女性を対象にした「なでしこアクション」を中心として、反対運動を大々的に展開していきました。日本語で記されている、なでしこアクションのウェブサイトには、女性にアピールするためか桜の花がちりばめられ、ワンクリックで設立反対の署名を送れるようになっていました。市議会には、なでしこアクションらによる反対派のインターネット署名が何千通と提出され、「歴史に真実を求める世界連合会」の目良《めら》浩一《こういち》氏を含む否定派の在米日本人が市議会に押しかけて反対意見を述べるなどしました。そんななか、公聴会を開いて9月に採決をとるという事態になったのです。

2015年11月，なでしこアクションの山本優美子氏がベイ・エリアで「正しい歴史」の講演会を開催した際に抗議に行った仲間らと。撮影：レイバー・ビデオ・プロジェクト。

　こうした動きに対抗するために結成されたのがCWJCです。CWJCには、決議案の草案を4年の歳月をかけて練り上げてきた華僑や日系を含む多様なアジア系アメリカ人による南京大虐殺補償連盟（Rape of Nanking Redress Coalition：ＲＮＲＣ）や、２０００年に私が仲間たちと設立したエクリプス・ライジングという在日コリアン団体、日系やフィリピン系などの多彩な約20の団体が結集しています。

「主戦場」としての公聴会

9月の公聴会では、賛成派・反対派ともに多数の人たちが発言をしました。

サンフランシスコの公園の入り口にある「慰安婦」正義連盟のロゴが入った看板。「慰安婦」像がどこにあるのか表示されている。撮影 Frank Jeong photography。

否定派は、「20万人の被害者、強制、性奴隷、慰安婦問題について言われていることはすべて嘘だ」「慰安婦はただの金儲け目的の娼婦だった」などと発言し、しかも、韓国から訪れた「慰安婦」サバイバーの李《イ》容《ヨン》洙《ス》さんの証言を「信用できない」と批判したため、市議会議員の反発を引き起こしました。

これに対する賛成派は、たとえばユダヤ系の運動リーダーらが、サンフランシスコのホロコースト・メモリアルに対してドイツ人やドイツ政府が、「アメリカは無関係なのに、なぜこんな碑を建てるのか」「生存者の証言はデタラメだ」などと指摘したら、それに反対するのは当然だと証言しました。また、日系やフィリピン系に加え、女性人権団体や平和運動などで活動してきた多くの女性たちは、「植民地支配や差別のために社会的弱者とされた人たちが強いられた体験や歴史がなかったことにされたら、加害を容認することになる」と、決議案に賛同しました。

こうした力強い発言は、性暴力被害者のメモリアルが、社会にとってとても大切な公共財産であることを明らかにし、市議会議員の心を動かしたのでした。公聴会の最後に即投票が行われ、市議会全員一致で決議案が採択されました。多様な市民の広範な支持が集結したからこその勝利でした。

妨害する日本政府

日本政府は、「慰安婦」メモリアルの設置を阻止しようと、さまざまな働きかけをしていました。たとえば、サンフランシスコに在住する日系の著名なリーダーたちに対しては、メモリアル案は反日、差別だとほのめかしたうえで、「戦時中にあなたたちが受けた差別を、今また味わうのはいたたまれない」、あるいは「これで日本人の子どもたちが学校で韓国系、中国系の子どもたちにいじめられるだろう」と恐怖心を煽《あお》ったりしたのです。

ちょうどこの頃から、「日本が、中国や韓国にいじめられている」と、中国や韓国を「慰安婦」問題の加害者にすり替える発言をする日系の著名人も出現しました。しかし、そのような差別事件が起こったという証拠は、今まで一件も確認されていません。

決議案採択後は、大阪市長の吉村洋文《ひろふみ》氏（当時）が60年以上も継続してきた大阪市とサンフランシスコ市との姉妹都市関係を解消し、安倍晋三首相が遺憾の意を表明したと主流メディアが報道しました。さらに「慰安婦」メモリアル設立から2年後の現在、日本政府は碑文に誤りがあるとして「訂正」を要求しています。「歴史戦」はまだ続いているのです。

今後の「慰安婦」教育の重要性

サンフランシスコ教育委員会は、「慰安婦」決議案採択後、全員一致で校区内の高校の授業に太平洋戦争

2019年9月22日，2周年記念式典で，日本から連帯声明を読み上げにきた福岡の西南大学生2人と元議員マイク・ホンダ氏。右端が筆者，左端は絹川知美氏。

史の一環として、旧日本軍性奴隷制度を盛り込む決議しました。カリフォルニア州教育委員会でも「慰安婦」の歴史がカリキュラムに盛り込まれることになりました。

日本だけでなく、米国でも歴史教育が不十分で、太平洋戦争史は授業でほとんどふれられないのが現状です。ですが、アジア系の生徒の多くが授業で「慰安婦」の歴史を学んだあとに、「お婆ちゃ

んの村でも娘が数人連れていかれたという話をしてくれた」といった、聞き取りの成果が報告されています。生徒たちは、歴史と現在の問題が無関係ではないことを学んでいるのです。

「慰安婦」被害者は、「国家」ではなく13以上の国に散らばる女性たちです。彼女らはただ無力な被害者ではありません。沈黙を破ったその勇気は国際社会に届き、１９９０年代以降の女性の人権運動に追い風をもたらしました。紛争時に性暴力を戦術としてもちいる行為は、今や「人道に対する罪」という犯罪となったのです。

すべての女性に対する性暴力の根絶は、世界各国が連帯しなければ実現できません。「慰安婦」の記憶運動は、その未来へ向けての活動なのです。

参考資料
慰安婦正義連盟サイト：www.remembercomfortwomen.org
金美穂・絹川知美「アメリカにおける日本軍『慰安婦』問題」『人権と生活』第42号、２０１６年６月

Q7 日本はお金も払って責任を果たしたのに、なぜ韓国は「合意」を無視するのか？

◆——板垣竜太

被害者中心の視点

仮にあなたがある学校Aの女子生徒だとします。あなたを含む学校Aの女子生徒たちが、別の学校Bの男子生徒たちから公式行事のなかで暴行を受けたとします。後日、双方の学校の教員代表があなた方の知らない所で集まって、「学校Bの法的責任は問わないが、個人の名誉を傷つけたとは思っているから、学校Aに基金をつくって学校Bが金を出す。これですべて解決。今後、学校Aは一切文句を言わないこと」という内容に合意してサインしてしまったとします。あなたはそれが「解決」だと思いますか？ また、もしあなたがその基金から治療費を受け取ったとして、それ以上何も言えないのでしょうか？

2015年のいわゆる日韓「合意」、すなわち12月28日に日本と韓国の外務大臣が共同で記者発表した内容はこのような性格をもつものでした。もっとも国や軍隊のかかわる問題、とくにかつての植民地帝国が戦争していたときに起きた問題を、このような例えで語るのは限界があります。ただ、〈被害者中心〉の視点でこの問題に接近するためには意味があるでしょう。

日韓「合意」にいたるまで

いわゆる「徴用工《ちょうようこう》」問題とは異なり、日本軍「慰安婦」問題は、日韓条約（1965年）を結ぶまでに何度も開かれた日韓会談で議題にあがってもいませんでした。交渉にあたった男性エリートの認識が欠落していたのみならず、戦後多くの被害者が自らの経験をまわりにも隠して生きてきたからです。

その流れを変えたのは、1991年8月の金学順《キムハクスン》さんの告発に始まる被害当事者たちの国境を越えた問題提起でした（Q10参照）。公文書からも軍の関与を否定できなくなった日本政府は、河野内閣官房長官の談話（1993年）などを通じて自らの責任を認め、1995年には「女性のためのアジア平和国民基金」を立ち上げました。しかし、それは日本の法的責任（国際法と国内法の違反）を決して認めず、賠償を拒否することを大前提としていました（そのため「道義的責任論」と呼ばれます）。加害を代表する側が、かたちとしては謝るし民間の募金による「償い金」は渡そうとするが、だれのどこが悪かったのかを徹底して責任追及するわけでもないという態度は、被害当事者の目にどのように映ったでしょうか？　実際この「国民基金」はこの問題を解決に導くどころか、新たな問題の種となりました。

1990年代には被害当事者たちが日本政府を相手に裁判をいくつも起こしましたが、日本の司法は政府の肩をもって、被害者救済に乗り出しませんでした。つぎつぎと被害当事者が亡くなっていくなか、２００６年、生存者が集団で原告となって韓国の憲法裁判所に韓国政府を訴えました。個人の請求権（Ｑ２、Ｑ３参照）について、この頃までに日韓の解釈の違いが明確になっていました。日韓条約では、条文の解釈上の争いがある場合には、協定にもとづいて交渉しなければならないことになっていました。にもかかわらず韓国政府が交渉しないのは憲法違反だ――このような原告側の主張を２０１１年に憲法裁判所は認めました。それまで韓国の李明博《イミョンバク》政権は歴史問題には消極的でした。しかし政府の方針とは別に、司法がこのような憲法判断をするにいたったため、韓国政府は日本政府との交渉を試みました。

しかしそれは実を結ばず、間もなく日本では安倍《あべ》晋三《しんぞう》政権（第二次）、韓国では朴槿恵《パククネ》政権が誕生しました。１９９０年代から日本の法的責任論も道義的責任論もともに否定してきた代表的な政治家だった安倍首相は、政権発足当初から河野談話の見直しを掲げていました。そのため日韓両政権の関係はぎくしゃくし、首脳会談も行われませんでした。それでは東アジアの安全保障をめぐる環境に支障をきたすと判断した米国のオバマ政権は、２０１４年から積極的な仲介に乗り出しました。その結果、日韓間の外交交渉が進み、最終的に日韓国交正常化50周年となる２０１５年の年末に、日韓「合意」が発表されました。

そこでは、①韓国政府が設立した財団に日本が政府の予算を拠出し、日韓政府が協力して日本軍「慰安婦」の名誉と尊厳の回復および心の傷の癒しのための事業を行うこと、②この措置が「着実に実施」されることを前提として「慰安婦」問題が「最終的かつ不可逆に解決される」ものとし、国際社会で互いに非難・

批判するのを控えること、③韓国の日本大使館前の「少女像」(平和の碑)について韓国政府が「適切に」対処するよう努力することが「合意」されました。

責任を押しつける日本政府

当初、「慰安婦」問題は、被害当事者の人権とそれを踏みにじった日本の責任という観点で始まったはずでした。ところがいつの間にか、安保を軸にした日韓間の外交問題として事が進むようになってしまいました。もっとも韓国政府が被害当事者を無視していたのではなく、彼女たちや支援者から何度も聴き取りをしていたのは確かです。それを受け、日本政府が事実認定と謝罪を二度とくつがえさないように合意すべきだとの意図から、「不可逆」という表現を先に提起したのは、実は韓国政府のほうでした。その背景には、1990年代に日本政府が提示した道義的責任論の水準からもさらに後退しようとする安倍政権や、それに追随する日本の言論の現状がありました。にもかかわらず外交交渉の過程で、日本の謝罪の不可逆性という論点が薄まり、この「合意」による「解決」の不可逆性という話にすり替えられてしまいました。当事者には事前にまったく知らされてもいなかった「少女像」の問題まで一緒くたにされました。

ですから日韓「合意」が発表されると、韓国ではすぐに支援団体をはじめ市民社会団体が抗議の声明を出しました。2016年には国際人権条約機関である女性差別撤廃委員会からも、「被害者中心のアプローチ」をとらなかった点が批判されました。同年秋から朴大統領の政治スキャンダルをきっかけに退陣を求める大衆運動が広がりますが、同時に人権問題である「慰安婦」問題で当事者をさしおいて政府間で勝手に「解決」してしまったことへの批判も高まりました。

こうした大衆運動の盛り上がりの産物として2017年に誕生した文在寅《ムンジェイン》政権は、まず「合意」の成立過程の検証を進めました。検証チームは同年末に報告書を出し、「合意」が被害者ではなく「政府の立場」を中心にまとめられたものだったということを明らかにしました。これを受け、翌2018年には文在寅政権は立場を表明しました。その内容は、日韓「合意」が真の解決とはなりえない、被害者中心の措置をとりたいと明言する一方で、再交渉は求めず、日本政府の自発的で誠意ある言動を期待したい、というものでした。前政権のこととはいえ、すでに政府間で公式に「合意」を発表してしまった以上取り消すのは容易でないが、解決したとも考えられないということで、国内で可能な措置を進めると言うにとどめたのです。

一方、日本政府は「合意」にもとづき政府予算から10億円を拠出し、それを受けて韓国で2016年7月に和解・癒やし財団が発足しました。安倍政権は、予算拠出をもって日本政府がすべきことは終わりで、あとは韓国政府のすべきことだけが残っていると考えているようです。しかし、「合意」では「日韓政府が協力」して財団の事業を行うことになっていました。にもかかわらず、日本政府は金をだす以上の「協力」はせず、財団側が安倍首相にお詫《わ》びの手紙を求めても「毛頭《もうとう》考えていない」と一蹴《いっしゅう》しました。

また、「合意」の文書のどこを読んでも、「少女像」の移転までは約束していません。にもかかわらず、安倍政権は「少女像」問題をことさらに取り上げ、「約束を履行《りこう》しない韓国」という宣伝をしつづけています。

以上のような対応では、「責任を痛感」するという「合意」の文章を、日本政府自らが空文にしているも同然です。安倍政権は河野談話を取り消してはいませんが、事実上骨抜きにする姿勢で一貫しています。日本軍「慰安婦」問題を解決するための「不可逆」の足場を掘り崩しているのは安倍政権です。

こうした状況も見ながら、文在寅政権は2018年11月、もはや財団が回復と治癒の機能を果たせないと判断して、その解散を発表しました。日本政府の出資金も返還する方針です。財団は活動期間中に、生存している被害当事者（47名中34名）や亡くなった被害者の遺族に回復と治癒のための現金を渡しました。このことをもって当事者の多くが「合意」を支持したと解釈する人がいますが、受け取った方々が何か意見を表明したわけでもないのに、たいへん乱暴で残酷な主張だと思います。それに、日本が「慰安婦」問題の法的責任と賠償を否定している状態にも、当事者の個人請求権が存続していることも、何の変化もありません。

日本政府に今求められているのは、韓国政府を一方的に非難することではなく、なぜ「合意」の内容とその後の対応が〈被害者中心〉のアプローチではないと言われつづけているのかを反省的に吟味し、自ら新たな解決策を提示することではないでしょうか。

参考文献
中野敏男ほか編著『「慰安婦」問題と未来への責任――日韓「合意」に抗して』大月書店、2017年
金富子・板垣竜太責任編集、Fight for Justice「慰安婦」問題サイト制作委員会編『Q&A朝鮮人「慰安婦」と植民地支配責任　増補版』御茶の水書房、2018年

topic_2

《平和の少女像》(平和の碑)の願い

◆——岡本有佳

2019年8月1日に開幕した、日本で最大規模の国際芸術祭あいちトリエンナーレ2019の〈表現の不自由展・その後〉(以下、不自由展)がわずか3日で突然中止されました。不自由展の参加作家16組に事前連絡もなく、私たち不自由展実行委員会との誠実な協議もありませんでした。大村秀章《おおむらひであき》知事と津田大介《つだだいすけ》芸術監督は、最大の理由を抗議電話・メールの殺到により、「安全確保」が不可能になったというものだと発表しました。

実は中止発表の前日、河村たかし名古屋市長(トリエンナーレ実行委員会代表代行)が不自由展を視察し、即刻中止を求めていました。これは作品内容に踏み込んだ明らかな政治的圧力であり、自由権規約(国際人権規約)の法的義務違反、表現の自由への侵害でした。河村発言で見逃してならないのは、日本軍「慰安婦」について「そもそも事実でないという説も非常に強い」「強制連行の証拠はない」、さらに8月5日、記者会見で「強制連行し、アジア各地の女性を連れ去ったというのは事実と違う」と言ったことです。

1993年8月の「河野談話」は、「慰安婦」問題に対する日本軍の関与と強制性を認めた日本政府の公式見解です。重要なのは、現日本政府も河野談話は継承し、否定していないことです。連れていく際に強制されたかが問題ではなく、軍慰安所に連れていかれてから、そこで監禁拘束され、性奴隷状態にさせられていたことこそが最大の問題なのです(Q4参照)。

当初、あいちトリエンナーレに寄せられた匿名の電話やメールなど理不尽な攻撃のうち50%が《平和の少女像》でした。《平和の少女像》は、戦争と性暴力のない、女性の人権と尊厳の回復を願う芸術作品です。この日本軍性奴隷制被害の歴史と記憶が消されそうになっている時、ジェンダー平等を掲げるあいちトリエンナーレは、中止にする前に、むしろ声をあげて批判すべきでした。

《平和の少女像》が呼び起こす「共感」

《平和の少女像》の隣には空っぽの椅子があります。わずか3日の間でしたが、この椅子にどれほど多くの人が座ったことでしょう。たしかに歴史を否定し、侮蔑的で攻撃的な言葉を発した人もいました。しかし、毎日交代で警備をしていた私たちが声をかける前に、観客が、歴史を受けとめようよ、作品を静かに見ようよと言ったのです。こんな感動的な場面が増えていきました。

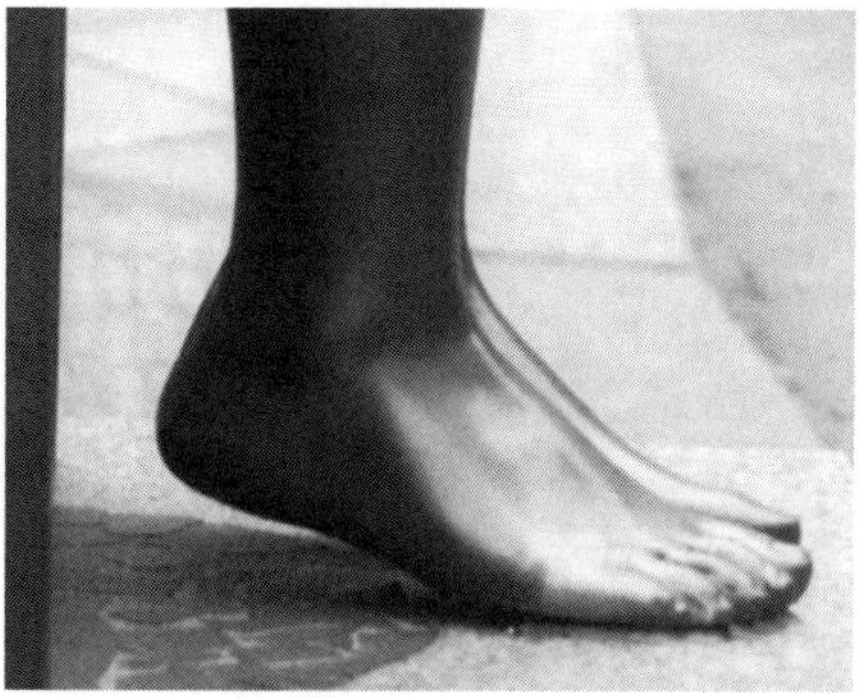
少女の足（撮影：岡本有佳）

《平和の少女像》（正式名称「平和の碑」）の作者は、韓国の彫刻家キム・ソギョン、キム・ウンソン夫妻で「民衆美術」の流れをくむ作家です。民衆美術とは、1980年代の独裁政権に抵抗し展開された韓国独自のもので、以降も不正義に立ち向かう精神は脈々と継承されています。

本作は「慰安婦」被害者の人権と名誉を回復するため在韓日本大使館前で20年続いてきた水曜デモ1000回を記念し、当事者の意志と女性の人権の闘いを称え継承する追悼碑として支援団体・韓国挺身隊問題対策協議会（現、日本軍性奴隷制問題解決のための正義記憶連帯）が構想し市民の募金で建てられました。

作家はこの作品の最も重要なコンセプトは、「共感」だと言います。台座は低く、椅子に座ると目の高さが少女と同じになります。それは見事に成功し、人びとの心を動かす公共美術（パブリックアート）となりました。

細部に宿る意味

《平和の少女像》は細部にさまざまな象徴的な意味が込められています。作家が語ってくれた言葉をもとに4点ほど紹介しましょう。

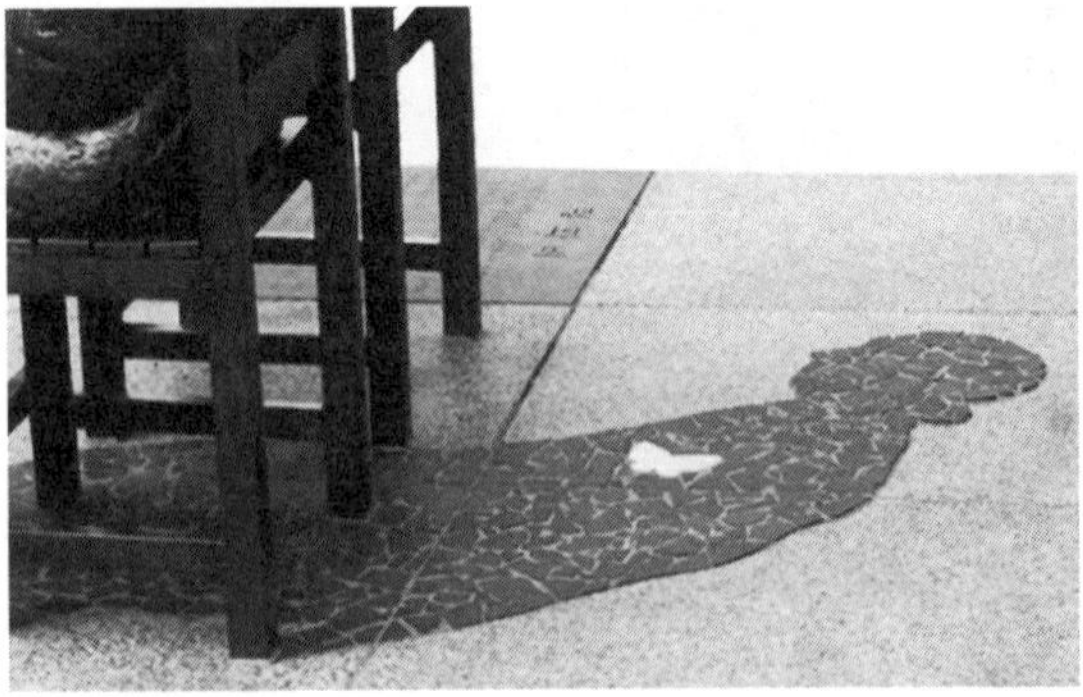

少女の影（撮影：岡本有佳）

少女の足は、はだしです。地についていないそのかかとは、苦しみの歳月のなかをさまよいながら不安に生きてきた人生を表現したものです。自分の場所にしっかり立っていようとしても、楽にかかとをおろすことができず、少女はいつも不安と居心地の悪さを抱えています。

かかとには無数の傷あとがあります。それは困難で険しい道のりを表します。つまり、この不安定なかかとは、解放後、やっとの思いで苦労して故郷にたどり着いた被害者

少女の傍らの椅子（撮影：岡本有佳）

を無視した韓国政府の無責任さ、韓国社会の偏見を問うているのです。自国への批判が込められている点にも注目したいと思います。

彫刻の姿は少女の形ですが、少女の影はハルモニ（おばあさん）の姿になっています。粉々に砕いた黒曜石《こくようせき》のかけらをモザイクしてつくられていますが、かけら一つひとつが長い間おさえてきた痛みであり、それが積もり積もって長い時間をつくりあげ、ついにハルモニの影に変わりました。この影をとおして、加害者の謝罪と賠償を受けられずに過ごしてきた歳月、ハルモニたちの怨《うら》みと恨（ハン）がこもった時間が表現されています。

少女の傍《かたわら》の椅子は空いています。ここには二つの意味があります。

一つは、日本政府の間違いをただすことができないま

ま、無念にもこの世を去っていったハルモニたちを、空いた椅子で寂しげに表現したのです。残念ですが、その空席は今後も増えつづけるでしょう。

もう一つは、この席は、いつでもだれにでも開かれているということです。日本大使館を訪れる人たちが、だれでも少女の隣に座り、「私だったら……私の家族だったら」という気持ちで、現在のハルモニたちの叫びを一緒になって感じとることができるようにしたかったのです。

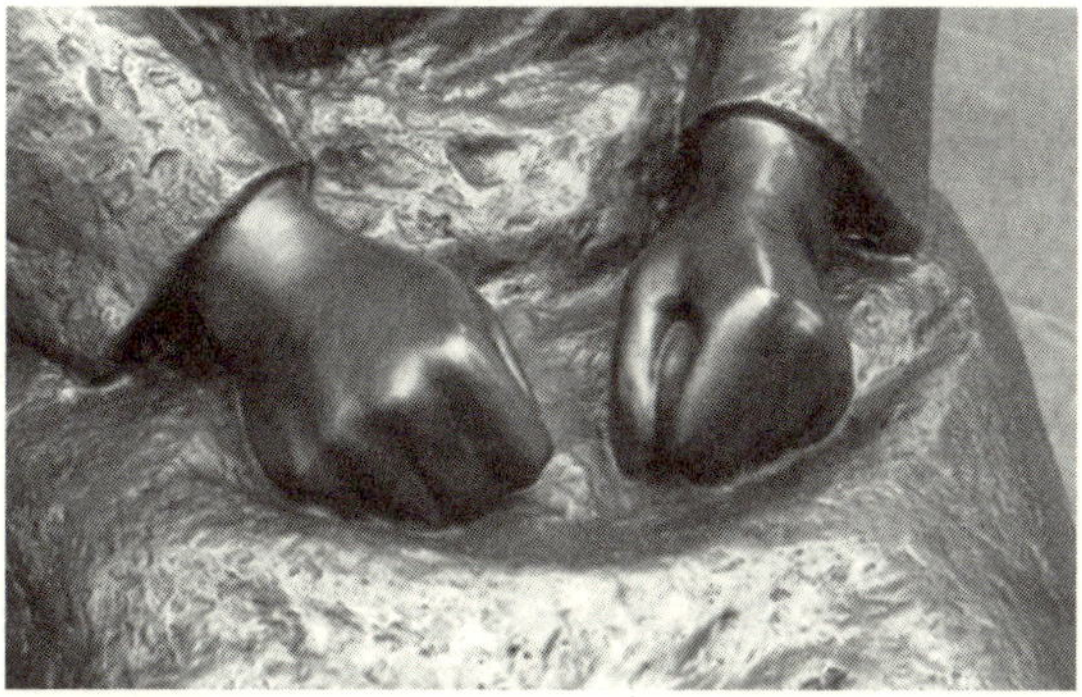
握りしめられた少女の手（撮影：岡本有佳）

構想段階では少女の手は、二つの手をおとなしく重ねた姿でした。しかし制作する過程で、日本政府は謝るどころか少女像の設置に反対し、むしろ韓国政府に迫って持続的に妨害をしました。そうした日本政府の態度に怒りを感じずにはいられませんでした。こうしておとなしく重ねられていた少女の手には、おのずと力が込められ、だんだんと強く握られていきました。同時に、私たちがハルモニたちの苦痛の記憶・歴史を忘れないという決意を表しています。

沈黙を破った日本軍「慰安婦」サバイバーの勇気から始まった「慰安婦」問題解決運動は、世界の戦時性暴力被害者との連帯と支援として広がり、サバイバーは人権活動家として世界に声を届けています。だからこそ、サバイバー当事者が自分の分身と言う《平和の少女像》は、戦争と性暴力をなくすための「記憶闘争」のシンボルとして韓国各地をはじめ世界各地に広がっているのです。さらに#MeToo運動と呼応し合うことで、若い世代との共感も深まっていることは性差別のない社会をつくるうえで大きな力となっています。

PART－3

韓国はなぜ歴史問題にこだわるのか？

（上）1910年，ソウル景福宮敷地内に設置された朝鮮総督府
（下）ソウル，タプコル公園の三・一運動を記念するレリーフ（撮影：加藤圭木）

Q8 「韓国併合」のどこが問題なのか？

加藤圭木

日本に編入しただけ？

1910年、日本は「韓国併合」を行いました。この事実は、中学・高校の歴史教科書でも取り上げられています。私は大学の授業で学生に「韓国併合」に対して、どのようなイメージをもっているのか聞いてみたことがあります。多くの学生はイギリスなどの西洋諸国の植民地支配とは違って日本が韓国を編入したイメージで、そこまでひどいものではないと思っていると答えてくれました。たしかに「併合」という言葉からはあまり強権的なイメージは感じられません。

まず、最初に確認したいのは、「韓国併合」という言葉は、日本の朝鮮侵略の実態を隠すために、日本側が1910年当時つくりだした言葉であるということです（なお、ここで言う「韓国」とは、当時の国号である大《だい》韓帝国《かんていこく》のことを指します。大韓帝国は1392年に建国された朝鮮王朝が1896年に名前を変えたものです。以下、原則的に大韓帝国期についても「朝鮮」と呼びます）。したがって、今日歴史学界では、当時、侵略を正当化するための用語であったとして、そのまま使うことは適切ではないと考えられています。ただし、１９１０年の日本による朝鮮半島の完全な植民地化を表す用語として、便宜的にカギ括弧をつけて使っているのです。

「韓国併合」の実態は、朝鮮半島を日本の一地方に組み込んだという程度のものではありません。日本の侵略に抗する朝鮮半島の人びとに対して徹底的な弾圧を行い、強制的に大韓帝国を滅ぼし、朝鮮人を無権利状態に置くものだったのです。朝鮮人側の意志を暴力によって踏みにじり、断行したのが「韓国併合」だったのです。

侵略は19世紀から始まった

日清戦争（１８９４～95年）と日露戦争（１９０４～05年）は、小学校でも教えられている歴史用語ですので多くの人が知っているでしょうが、それぞれ日本と清の戦争、日本とロシアの戦争とだけ思われているようです。しかし、こうした認識は重大な事実を見落としています。

日清戦争も日露戦争も日本にとっては朝鮮侵略を目的とした戦争であり、朝鮮が戦場とされ、朝鮮人の生活や生命が犠牲となったのです。

日清戦争における日本側のねらいは、当時、朝鮮に対して影響力を有していた清国を後退させることで、朝鮮侵略を遂行することにありました。この戦争は、その始まりの段階から問題があります。日清戦争なのですから、ふつうに考えれば、その戦闘行為は日本と清国の間で始まったと思われがちです。しかし、実際には、日本軍の最初の軍事行動は、朝鮮王宮を攻め、朝鮮政府を転覆し、日本にとって都合のよい政権をつくりだすということでした。当時の朝鮮政府は日本側の思いどおりにならなかったので、まず最初に政権転覆を謀《はか》ったわけです。朝鮮政府も無抵抗だったわけではなく、抵抗し戦闘になっています。この過程で朝鮮側の兵士が亡くなっています。新たに日本側によって樹立された朝鮮政府は、日本側の思惑に従って、清国を駆逐《くちく》するように日本側に依頼することになります。これを受けて日本側は清国との戦争を始めるわけですが、すべて清国との戦争を正当化するための日本側による自作自演だったわけです。

日本が清国との戦争を朝鮮半島を含む地域において始め、朝鮮の主権が著《いちじる》しく脅《おびや》かされると、朝鮮の農民たちは立ち上がりました。農民たちは「東学《とうがく》」という朝鮮独自の宗教を基盤としながら、朝鮮の封建王朝をたおし、外国勢力を駆逐することを、それ以前からめざして活動してきました。日本による朝鮮侵略が進められたことに対して、農民軍は立ち上がり、日本軍と戦闘を行いました。その過程で、日本軍の中央は「ことごとく殺戮《さつりく》せよ」との命令を発しました。これによって日本軍は、農民軍を虐殺し、その犠牲者数は3万人から5万人と推定されます。これは、日清戦争における日本や清国の犠牲者数よりもはるかに多かったのです。日清戦争は、日本と朝鮮との戦争でもあったと言えるわけです。

日露戦争から朝鮮植民地化へ

日清戦争によって朝鮮への侵略政策を遂行した日本でしたが、戦後の政治的推移のなかでいったん朝鮮での日本の政治的影響力は後退させられます。日本が朝鮮侵略政策を本格化させたのは、日露戦争でした。日露戦争もまた朝鮮からロシアの影響力を除き、日本が朝鮮を植民地化するための戦争でした。日露開戦に先立つ１９０４年１月、朝鮮政府は戦争に巻き込まれないために中立宣言をしていました。しかし、日本はこれを無視して、朝鮮侵略を進めたのです。まず、日本軍は、ロシアとの戦争を始める前に、朝鮮の鎮海湾《チネ》と馬山《マサン》電信局を占領しました。これは日露戦争の際の日本軍の最初の軍事行動であり、日露戦争を遂行するために日本にとって重要だった地域と施設を確保したということです。

日露開戦後、日本は軍事力を背景として朝鮮の主権を侵害していきます。まず、日露開戦直後には、日本軍の朝鮮での軍事行動を朝鮮政府に強制的に認めさせたり、軍事的に必要な土地を収用すると一方的に宣言し、数多くの土地が日本軍によって略奪されていきました。さらに、日露戦争終結後の１９０５年11月には、日本軍の軍事力を背景としながら、朝鮮の外交権を奪います。１９０７年には内政権も完全に日本が掌握《しょうあく》します。

こうした一連の朝鮮植民地化政策に対して、朝鮮側は徹底的に抵抗します。１９０５年に内政権が剝奪《はくだつ》された時も、大臣経験者が抗議し、民衆も抵抗運動を起こします。朝鮮の皇帝である高宗《コジョン》の全権委任状を所持した使節が、オランダのハーグで開かれていた第２回万国平和会議に参加して、外交権剝奪などの不当性を訴えようとした事件が１９０７年に起きています。また、義兵と呼ばれる抗日運動が立ち上がり、多くの朝鮮民衆がこれに参加して、日本軍に対して徹底的に抗戦します。日本軍はこれを暴力的に弾圧していくのです。朝鮮人の徹底的な抵抗にもかかわらず、1910年には朝鮮国家を滅ぼしたのです。

一般に、近代日本は10年ごとに戦争したと言われます。たしかに日清戦争、日露戦争、第一次世界大戦とカウントしていくと、10年ごとに戦争を起こしているように思えます。しかし、義兵運動に対する日本軍の戦闘行為などを考えれば、こうした見方は誤りです。日本は朝鮮と長期にわたって戦争をして、朝鮮を植民地化したのです。こうした一連の過程は、朝鮮植民地化戦争と呼んだほうがその本当の姿をとらえられるように思います。

朝鮮植民地支配の不法性

2018年10月に出された韓国の大法院判決は、日本による植民地支配について、「不法な植民地支配」であると指摘しています。この判決が述べるように、日本の朝鮮植民地支配は不法であったと見ることができます。なぜならば、ここまでに見たように、朝鮮民族の意思を踏みにじり、武力をもちいて強圧によって行われた支配であるからです。そして、義兵運動に加え、朝鮮中立宣言やハーグでの取り組みなど、数多くの抵抗があったことが重要です。さらに、義兵のリーダーである崔益鉉《チェイッキョン》は、日本の行為を「公法」、つまり当時の国際法をも援用して批判をしていました。なお、国連のダーバン会議（2001年）では、植民地主義や奴隷制の責任について議論が行われました（永原『「植民地責任」論』）。こうした国際的潮流もふまえ、植民地支配が日本国家による不法行為であったという認識を確立することが必要です。

考えなければならないのは、大量の人びとを殺戮し、土地を荒らし奪った植民地化戦争が今日の日本社会でほとんど忘れられていることの重大性です。殺された一人ひとりの人間、破壊された田畑や家々をイメージすることはできるでしょうか。歴史を学ぶ時に、往々にして国家の目線で歴史を認識しがちですが、朝鮮に生きた人びと、一つひとつの村々の側から歴史を考えることが必要です。この文章では侵略と抵抗のごく一部しか紹介することはできませんでした。まだ数多くの不法行為があります。「不法な植民地支配」という文言は、たいへん重みのあるものです。

参考文献

板垣竜太「植民地支配責任を定立するために」中野敏男ほか編『継続する植民地主義――「国民」概念・女性の身体・記憶と責任』青弓社、2005年
加藤圭木「日露戦争下における朝鮮東北部の『軍政』」『一橋社会科学』8、2013年
糟谷憲一「甲午改革後の民族運動と崔益鉉」『朝鮮歴史論集』下、1979年
糟谷憲一『朝鮮の近代』山川出版社、1996年
糟谷憲一「『韓国併合』一〇〇年と朝鮮近代史」『朝鮮学報』219、2011年
中塚明ほか『東学農民戦争と日本』高文研、2013年
永原陽子『「植民地責任」論――脱植民地化の比較史』青木書店、2009年

topic_3

三・一運動と現在

◆――加藤圭木

三・一運動とは何か

2019年は、植民地支配下の朝鮮で行われた三・一運動の100周年にあたっています。この運動は、1919年3月1日から数か月にわたって、約200万人が参加した独立運動です。朝鮮全国のあちこちの村々で人びとは立ち上がりましたし、その運動は国外に在住する朝鮮人にも広がりました。三・一運動を通じて農民・労働者などの民衆が本格的に台頭し、その後の民族解放運動をになっていくことになった点も重要です。三・一運動が引き起こされた背景には、ロシア革命やウィルソンの民族自決主義の提唱などの世界史的な流れもありますが、何よりも重要なのは朝鮮民衆が日本の苛酷《かこく》な植民地支配に対して強く反発していたことがあります。朝鮮民衆は、日本の支配を拒否する意思を世界に対して示したのです。

韓国に行ったら危ない？

三・一運動100周年の前日である2019年2月28日、日本の外務省は、市民団体等によるデモ等が行われる可能性があるとして、「韓国への滞在・渡航を予定している方や滞在中の方は、最新の情報に注意し、デモ等が行われている場所には近づかない等慎重に行動し、無用のトラブルに巻き込まれることのないようご注意ください」と注意喚起《かんき》しました。この前日に開かれた自民党の外交部会では、日本人が被害を受ける可能性がある、「渡航中止」にすべきだなどという意見が出されたそうです。メディアでも「韓国で反日デモが行われている」などと、危機感をあおる報道が続きました。

こうした「韓国に行ったら危ない」という言説はまったく根拠のないものでした。また、実際に韓国に渡航した日本人が、デモによって被害に遭《あ》うことはありませんでした。むしろ、日本人だとわかると韓国人が親しげに声をかけてくれたという経験もたくさん報告されました。

しかし、「韓国は危ない」という情報について、信憑性《しんぴょうせい》があると感じた日本人は少なくなかったようです。韓国訪問を家族に止められたという話を多くの人から聞きましたし、私も3月に韓国に行って帰ってきたら知人から「だいじょうぶだった？」と聞かれました。三・一運動100周年に関する報道だけではなく、以前から積み上げられてきた韓国バッシングによる影響が大きいように思います。

タプコル公園（パゴタ公園）にある独立宣言書のモニュメント（Wikimedia commons）

三・一運動は日本からの独立を求めた運動です。その100周年にあたって韓国社会ではこの運動の意義があらためて確認されました。そうしたなかで、日本の侵略の歴史やそうした歴史を正当化している日本側に対して批判がなされるのは当然のことです。それは今韓国を訪問する日本人に対して嫌がらせをするとか危害を加えるとかいうことではありません。当たり前のことを当たり前に主張しているだけなのです。ところが、日本人の多くは「危ない反日デモ」というふうに認識したのです。

主体的な変革の歴史として

三・一運動は、現在の韓国において、民主主義や平和をめざす運動の原点として意義づけられています。それは、三・一運動に民衆が主体的に参加したという点、また、三・一運動後に上海で樹立された大韓民国臨時政府において「民主共和制」がめざされたという点、そして、何よりも三・一運動が植民地支配を批判し、朝鮮半島や東アジアへの平和を追求していた点をふまえてのことです。とくに、2016年から17年の「ろうそく革命」により（Q10参照）、真の意味での民主主義が求められ、また南北対話の道が切り開かれ朝鮮半島の平和に向けた動きが本格化するなかで、こうした現在の課題が100年前にも問われていたことが認識されることになったのです。そうした点では、三・一運動は韓国の人びとにとって、日本の植民地支配を批判するという文脈でも大切ですが、何よりも自分たちの社会や民族が抱えている課題との関係で重要な意味をもっているのです。日本社会の側は、こうした韓国民衆の主体的な営為《えいい》を知る必要があるのではないでしょうか。

100年前の日本社会

　100年前、日本人の多くは解放をめざす朝鮮人の強い意志を認識できませんでした。歴史研究者の梶村秀樹氏は、「日本官憲は、（中略）『（三・一運動について）あんなことで独立ができるわけがない』と宣伝しつつ、朝鮮人の独立の意志を物理的にまた思想的に圧殺した。（中略）『独立』の主張の正当性と意味の重要性を認識した者は、本当に少数だった」と指摘しています。実際、朝鮮総督府の御用新聞『京城日報』は、三・一運動の開始直後に「ああ、あわれむべき朝鮮同胞よ、あなたたちは実に悪魔に煽動《せんどう》されている」と記しています。そして、朝鮮民衆は、非現実的な「夢」を見せられているのだとして、運動の意義と民衆の主体的な取り組みを、完全に否定しています（1919年3月7日付、現代語に訳した）。

　それどころか、日本側は独立運動を「暴動」と呼び、警察・軍隊、さらには朝鮮在住の日本民衆が徹底的に弾圧を進めていきます。朴殷植《パクウンシク》『韓国独立運動之血死』によれば、三・一運動時の朝鮮人の死者は7509名、負傷者は1万5850名、逮捕者は4万6306名でした。

　私は大学の授業で、この弾圧や虐殺の様子を記録した日本官憲側の文書を学生たちと読み進めたことがあります（姜徳相編『現代史資料：朝鮮』みすず書房、1966年）。以下、学生たちの意見を紹介します。ある学生は、三・一運動で露骨《ろこつ》な虐殺があったとは思ってもみなかった、歴史教科書だけだと真相が見えてこないと話してくれました。また別の学生は、この記録では「死者八」などとまるで物で

タプコル公園の三・一運動のレリーフ（撮影：加藤圭木）

も数えるかのように死者数が記録されており、そこに人間の尊厳に対する意識が欠如していると指摘しました。さらに、日本の民衆が虐殺に加担したことについては、衝撃を受けたと話す学生が少なくありませんでした。

民族独立の意志を無視し、武力で押さえつけ、たくさんの人びとを殺したという事実を、100年後である現在の日本社会はほとんど忘れています。また、100年前には三・一運動を「暴動」と呼び、他方、現在は韓国の取り組みを「危険」と見ている人が多いことも見逃せません。昔も今も運動や実践の意義は認識されていないのです。100年前の問題が、今も問われているのです。

参考文献

加藤圭木「三・一独立運動の歴史的、今日的意義を探る」『週刊金曜日』27(7)、2019年

梶村秀樹『梶村秀樹著作集』4、明石書店、1993年

Q9 日本人もひどい目にあったのに、なぜ朝鮮人は被害を言い立てるのか？

◆――加藤圭木

朝鮮人に対する差別はなかった？

１９４５年以前、朝鮮は日本に編入されており、朝鮮人は日本国籍になっていたのだから、徴用工《ちょうようこう》や「慰安婦」として日本の戦争に動員されるのは当然であり、問題ないという意見があります。また、戦時期には日本人も国民徴用令で労働動員されたのだから、朝鮮人だけが被害を訴えるのはおかしいと考える人もいます。こうした考え方の背景には、朝鮮人は日本人と平等に扱われた、差別はなかった、日本人と朝鮮人の置かれていた状況に大差はなかったという認識があるようです。このような見方は適切と言えるでしょうか？

「韓国併合」によって、朝鮮人は大日本帝国臣民とされ、日本国籍を所持することになりました。しかし、Ｑ８で見たように、植民地支配は武力によって強制されたものであり、朝鮮人を大日本帝国臣民とすることに朝鮮人側の同意はなく、それ自体が問題でした。

そもそも、日本が朝鮮を植民地化するという行為そのものが、日本側の差別の現れでした。当時の日本人は朝鮮は遅れた国であるという認識をもっていました。こうした認識は福沢諭吉や福田徳三といった学者によって唱えられました。そして、日本側はこうした認識を基盤として、そのような遅れた国は日本が支配してもよいのだと、植民地支配を正当化したのです。朝鮮人を一つの民族、朝鮮を一つの国家として認めなかったわけですが、これこそが根本的な差別です。

朝鮮人と日本人は平等だった？

そして、もう一つ押さえなければいけないことがあります。植民地支配のなかで、国籍上は朝鮮人は「同じ日本人」とされ、また日本側は表面的には朝鮮人と日本人を平等に扱うのだと宣伝をしました。しかし、実際のところ、朝鮮人は法律上も制度上も「同じ日本人」として平等・対等な扱いを受けたことはなかったということです。支配－被支配の関係にあったのです。

まず、当時、朝鮮に施行された法令の立法権は、天皇・帝国議会・朝鮮総督にだけありました。朝鮮総督府では、総督・政務総監《せいむそうかん》ともに日本人によって独占され、局長クラスもほぼ日本人で占められていました。また、朝鮮に在住する者は国政への参政権がありませんでした。

また、日本の朝鮮支配政策は軍事力を前面に出したものでした。朝鮮総督に就任したのは武官だけでしたし、朝鮮人の抵抗運動に対しては容赦《ようしゃ》なく軍事力による弾圧を行いました。こうした強権的な支配体制を布《し》いたことも、朝鮮に対する差別意識の現れと言えるでしょう。

当時、日本人と朝鮮人の差別の根拠とされたのが、戸籍制度です。「内地」に本籍を置くものは「内地人」(日本人)、朝鮮に本籍を置くものは「朝鮮人」と法的に区別されていました。日本人と朝鮮人は、国籍で「同じ日本人」として一括《ひとくく》りにされながら、戸籍で「同じ日本人ではない」と厳格に区別されていたのです。

日本人と朝鮮人が区別されるなかで、給与についても差がつけられました。朝鮮に在住している場合でも、日本人と朝鮮人は法律の適用において、異なる立場に置かれることがありました。教育の制度面でも、日本人と朝鮮人の間には格差が存在しました。さらに、朝鮮人は自由に「内地」に渡航できませんでした。内務省・総督府による渡航規則の制定などで、朝鮮人の渡航は厳しく管理されたのです。

このような厳しい差別の一方で、朝鮮人にとっては異民族の王である天皇崇拝が強要され、戦時期には「皇民化」政策(topic1参照)が推進され、兵士・労働者・「慰安婦」などとして動員されました。

経済面でも日本に従属させられた植民地朝鮮

日本の朝鮮植民地支配は、朝鮮を経済的に従属させ、朝鮮から富を奪い、日本人の経済発展の基盤とするものでした。右で述べたような差別に加えて、朝鮮人の大多数が経済的にも日本の従属的な位置に置かれたことは、植民地支配の実態を知るうえで欠かせないことです。とくにQ1で述べたように、強制労働動員では朝鮮人の貧困状態につけ込んで動員が行われました。

経済的な収奪はどのように行われたのでしょうか。日本は、朝鮮で「土地調査事業」を実施し、朝鮮における土地所有権を確定させましたが、これは土地の売買をうながし、土地を失い貧困化する農民を生じさせました。また、民有地の土地所有権の確認は地主や有力者に有利なかたちで行われました。さらに、日本側は重層的な権利関係が存在していた土地について、一方的に国有化を断行し、実際に土地を耕していた人びとの権利を奪ったのです。そして、この国有化された土地は、日本の国策会社・東洋拓殖《たくしょく》株式会社などに払い下げられました。また、日本は朝鮮を日本の食糧供給基地とし、大量の米を収奪しました。こうした日本側の経済政策によって日本人や日本企業を頂点とした地主に土地が集中し（植民地地主制）、そうした地主が実際に耕作をしている人たちから収奪を行いました。

また、日本側の政策によって朝鮮人資本の成長が抑えられたことも見逃せません。他方、優遇されたのは日本の財閥です。日本の財閥は権力によるバックアップを受けながら安価に土地を確保し、朝鮮人労働者を低賃金で働かせ、朝鮮の資源を収奪して、莫大な利益をあげたのです。

朝鮮での「開発」政策は、日本人による、日本人のためのものであり、朝鮮人のためではありませんでした。「日本は植民地期に朝鮮を近代化してやった」という意見がありますが、それは誤りです。

奴隷労働の系譜

日本人は朝鮮人をどのように扱っていたのでしょうか。労働の問題から考えてみたいと思います。

日本側による朝鮮人への労働の強制は1939年に突如として始まったわけではありません。それは日清戦争の段階ですでに確認することができます。日本軍は日清戦争で朝鮮人人夫を強制徴発して、監視しながら労働させていたのです（朴『日清戦争と朝鮮』）。1910年代には日本は、軍事的理由から朝鮮に道路を建設します。その道路建設の際に、朝鮮人は土地を取り上げられ、さらに日本側の憲兵の命令のもとで道路建設に強制的に動員されます（広瀬「1910年代の道路建設と朝鮮社会」）。

さらに1920年代、新潟県信濃川支流の中津川での信濃電力工事株式会社の工事における朝鮮人虐殺事件がありました。事前に提示された労働条件と異なる条件で強制労働をさせられたことへの抵抗などがあったのですが、そこで朝鮮人の虐殺事件が起き、会社が隠蔽《いんぺい》したのです。厳しい労働環境で、人権侵害や虐殺がすでに行われていたのです（鄭「在日朝鮮人の形成と『関東大虐殺』」）。

戦後に水俣病を引き起こした日窒《にっちつ》財閥（戦後のチッソ）は、1920年代以降に朝鮮に巨大な化学肥料工場を強権的に建設します。当時朝鮮の日窒で働いた日本人は、「朝鮮人が死んだって風が吹いたほどにも感じない」「朝鮮人とどうやって仕事するか上から指示があった（中略）。『朝鮮人はぼろくそ使え。朝鮮人からなめられるな』といわれた。朝鮮人は人間として見るな、人間の内に入れちゃならんぞという指示じゃ、て私はすぐ思った」などと証言しています（岡本ほか『聞書水俣民衆史5』）。

侵略戦争と植民地支配のなかで、朝鮮人に奴隷労働させることは当たり前という意識が日本人には生じていたのです。戦時期の強制労働動員はこうした歴史の積み重ねのうえに行われたのです。

差別と暴力の積み重ねのうえに

Ｑ１でも見たように強制労働動員の際に朝鮮人への民族差別がありました。その部分だけを見ても日本人と朝鮮人の体験は、質的に同じとは言えません。ただし、ここで強調したいのは、朝鮮人の立場から見れば、強制労働動員や「慰安婦」制度などの戦時期の出来事だけが問題だったわけではなく、日本による朝鮮侵略と植民地支配の全体が問題であるということです。強制的に植民地にし、徹底的に差別し収奪してきた朝鮮人を、さらに戦時期には侵略戦争に強制動員したということの責任が問われているのです。

参考文献

岡本達明ほか『聞書水俣民衆史５　植民地は天国だった』草風館、１９９０年
金富子・板垣竜太責任編集、Fight for Justice「慰安婦」問題サイト制作委員会編『Ｑ＆Ａ　朝鮮人「慰安婦」と植民地支配責任　増補版』御茶の水書房、２０１８年
武田幸男編『朝鮮史』山川出版社、２０００年
鄭栄桓「在日朝鮮人の形成と『関東大虐殺』」『植民地朝鮮』東京堂出版、２０１１年
中塚明『これだけは知っておきたい日本と韓国・朝鮮の歴史』高文研、２００２年
朴宗根『日清戦争と朝鮮』青木書店、１９８２年
広瀬貞三「１９１０年代の道路建設と朝鮮社会」『朝鮮学報』１６４号、１９９７年
許粹烈『「植民地近代化論」、何が問題なのか』韓国独立記念館、２０１７年

topic_4

関東大震災下の朝鮮人虐殺

◆——加藤直樹

加藤直樹

震災時の流言《りゅうげん》から虐殺へ

1923年9月1日午前11時58分、相模湾《さがみわん》沖を震源とした最大震度7の大地震が発生しました。関東大震災です。昼前だったこともあり、都市火災が拡大。死者・行方不明者10万5000人という大惨事となりました。

焼け出された人びとの怒りと不安が渦巻くなか、「朝鮮人が放火をした」「井戸に毒を入れた」「暴動を起こした」という流言が発生します。それは朝鮮人への迫害に発展し、各地で群衆が竹やりや日本刀で朝鮮人を襲《おそ》う事態が起こりました。流言と迫害・虐殺は、東京や横浜から周辺の地域へと拡大し、埼玉、千葉、群馬でも虐殺事件が起きています。朝鮮人だけでなく、中国人が虐殺される事件も起きました。自警団《じけいだん》と呼ばれる人びとが朝鮮人を竹やりで虐殺する様子は、2019年に日本で公開された韓国映画『金子文子《ふみこ》と朴烈《パクヨル》』でも描かれています。実は、事態の悪化に対して大きな責任があるのが、警察と軍でした。

警察と軍が事態を悪化させた

警察は当初、流言を信じて拡散したのです。警官がメガホンを手に朝鮮人の襲来《しゅうらい》を警告し、「殺しても差し支えない」と公言した警察署長もいました。治安行政のトップである内務省警保局は3日、「朝鮮人は各地に放火し、不逞《ふてい》の目的を遂行せんと」していると全国に打電しました。

戒厳令《かいげんれい》によって進駐した軍部隊も、各地で朝鮮人を虐殺しました。東京・亀戸《かめいど》の亀戸署では、日本人労働活動家10人と朝鮮人数十人が軍によって刺殺されています。

警察や軍はその後、徐々に朝鮮人を「保護」する方針に転じました。しかし虐殺は9月6日、戒厳司令部が朝鮮人への「無法の待遇」を「絶対に慎《つつし》め」とする注意を発表し、流言を否定するビラをまく時期まで続きました。

虐殺の背景にあった植民地支配と朝鮮人差別

殺された人数は不明ですが、内閣府中央防災会議の災害教訓に関する専門調査会報告『1923関東大震災【第2編】』(2008年。ネットで読めるので検索してみてください)は、朝鮮人、朝鮮人に間違えられた日本人、中国人の被殺者推計を、1000人~数千人と記述しています。

虐殺の背景にあったのは、朝鮮人への民族差別です。それは植民地支配に由来する「蔑視」と、独立を望む彼らが日本人全体を憎み、攻撃してくるかもしれないという「恐怖」の二面をもっていました。それが震災時の流言を生んだのです。加えて、独立運動に目を光らせていた警察や、満洲などで住民を銃殺するような対ゲリラ戦を重ねてきた軍部隊がもつ朝鮮人敵視が、事態を悪化させました。

事件から学ぶべきことは何か

先に紹介した内閣府中央防災会議の報告は、この事件から学ぶべき教訓として、「民族差別解消の努力」や災害時の流言に対する警戒などをあげています。とくに、だれかへの暴力につながりかねない差別デマを、行政と社会がともに許さない姿勢をもつことが必要です。

ところが近年、「朝鮮人虐殺などなかった」「朝鮮人が暴動を起こしたというのは流言ではなく事実」と主張する人びとが現れています。彼らは「朝鮮人暴動」を伝える震災直後の新聞記事などをその「証拠」として掲げますが、それらは混乱のなかで流言をそのまま伝えた誤報記事にすぎません。実際には、震災期に殺人、強盗、強かん、放火で起訴された朝鮮人は1人もいない一方で、朝鮮人や、朝鮮人と間違えて日本人や中国人を殺傷した罪で起訴された日本人は566人にのぼります。彼らの主張の誤りについては、拙著『トリック』で詳しく書いたのでご覧ください。

参考文献

加藤直樹『九月、東京の路上で――1923年関東大震災 ジェノサイドの残響』ころから、2014年

加藤直樹『トリック――「朝鮮人虐殺」をなかったことにしたい人たち』ころから、2019年

西崎雅夫編『証言集 関東大震災の直後――朝鮮人と日本人』ちくま文庫、2018年

田原洋『関東大震災と中国人』岩波現代文庫、2014年

Q10

文在寅《ムンジェイン》政権はなぜ、歴史問題（徴用工《ちょうようこう》・「慰安婦」）にこだわるのか？

◆――金　富子

日本社会では、文在寅政権をはじめとする韓国政府が、過去の歴史問題（「慰安婦」・徴用工）にこだわりすぎているという見方があります。これをどう考えたらいいのでしょうか？　まず、「慰安婦」問題の登場と韓国政府のかかわり、つぎに徴用工問題と韓国政府のかかわりを見ていきましょう。

日本軍「慰安婦」問題と解決運動の登場――1990年代の＃MeToo運動

日本軍「慰安婦」問題が国際社会に登場したのは、戦争中に被害を受けて半世紀もたった1990年代になってからでした。1991年8月、韓国の被害女性の金学順《キムハクスン》さんが自ら名乗り出たことがきっかけでした。

日本では、「慰安婦」イコール韓国人女性（または朝鮮人女性）と思い込んでいる人びとが多いのですが、実際は日本人、中国人、台湾人、フィリピン人、ビルマ人、インドネシア人、マレー人、オランダ人などアジア・太平洋のさまざまな地域の女性たちがいました。1990年代にはこうした被害女性たちが金学順さんのカミングアウトに励まされて、自らの被害を明らかにしました。ハリウッド発の #MeToo 運動がセクハラや性暴力の被害を訴えて２０１７年から世界中に広がったように、韓国の金学順さんの訴えからアジア・太平洋各地の被害者の訴えへと広がったのです。今日の #MeToo 運動でも性被害を訴えるのは難しく、時間がかかります。それより前の時代に生きた女性たちの場合、性について語ること自体がタブーとされました。「慰安婦」被害女性も、そうした意識を克服するには、半世紀もの長い時間が必要だったのです。

「慰安婦」被害女性のカミングアウトを可能にしたのは、１９９０年代に世界で女性に対する暴力をなくすためのフェミニズム運動が盛んになったことでした（１９９３年に国連で「女性に対する暴力撤廃宣言」が採択）。さらに、１９８０年代後半に韓国、台湾、フィリピンの社会が民主化されたためでした。

韓国の民主化と「慰安婦」問題

韓国の民主化を見ましょう。日本の植民地支配から解放された１９４５年8月以降、朝鮮半島は米国とソ連（当時）によって南北に分断され、48年には南に大韓民国、北に朝鮮民主主義人民共和国が成立しました。同じ民族が戦った朝鮮戦争は１９５３年に戦闘は終わりましたが、停戦状態と南北分断が今も続いています。李承晩《イスンマン》政権（12年間）、朴正熙《パクチョンヒ》政権（18年間）、全斗煥《チョンドゥファン》政権（8年）などの強権的な政権が続きました。軍人出身の朴正熙政権は、言論・表現の自由、直接大統領を選ぶ権利も奪ったので、１９７０年代から韓国の知識人や民衆によって自由と民主主義を求める運動が起こりました（民主化運動）。これを力で押さえ込んだ政権は、日本による韓国人戦争被害者が日本政府に対し戦後補償を求める動きも封じたのです。

朴正煕大統領（＝朴槿恵《パククネ》大統領の父）が1979年10月に暗殺されたあと、80年5月に光州市で民主化運動が起こりました。これを銃剣で弾圧した軍人の全斗煥が大統領になると、さまざまな分野で民主化運動が起こりました。のちに「慰安婦」問題に取り組む女性運動もその一つでした。1987年6月、政権側が譲歩して大統領直接選挙制を含む「民主化宣言」が発表され、軍部独裁は終わりを迎えました。

1990年6月、日本政府が国会で「慰安婦は民間業者が連れ歩いた」と答弁し、これに抗議する過程で「慰安婦」問題の解決をめざす韓国挺身隊《ていしんたい》問題対策協議会（挺対協《ていたいきょう》）が結成されました。こうした女性運動があったからこそ、金学順は名乗り出られたのです。

民主化後の韓国政府と歴史問題

直接選挙によって大統領についたのは、軍部独裁から民主化への過渡期となった盧泰愚《ノテウ》（1988年〜）・金泳三《キムヨンサム》（93年〜）、民主化と南北和解を進めた進歩系の金大中《キムデジュン》（98年〜）・盧武鉉《ノムヒョン》（2003年〜）、再び保守と反動に戻った李明博《イミョンバク》（08年〜）・朴槿恵（13年〜）です。しかし2016年10月に友人を国政に関与させていたという朴大統領の政治スキャンダルが発覚すると、韓国市民からの批判が高まり、毎週末に「ろうそく」をもって「朴政権の退陣」を要求する100万人規模の大デモがソウルなど全国各地で4か月間ほど続きました。この高まりのなかで、17年3月に朴大統領は憲法裁判所によって弾劾《だんがい》が成立して罷免《ひめん》されました（「ろうそく革命」)。その後誕生した文在寅政権(17年~)は、金大中・盧武鉉の路線を引き継ぎました。

では、民主化後の政権は、歴史問題に対してどのような政策をとったのでしょうか。まず、「慰安婦」問題から見ると、金泳三大統領は日本政府から金銭的補償を受け取ることに消極的でしたが、1993年に「生活安定支援法」を制定して、貧窮する被害女性に対して支援金、無料医療支援、住宅支援を始めました。金大中大統領もこの政策を受け継ぎました。なお、被害女性への支援策は、その後の政権でも女性たちの高齢化が進んだので健康治療支援や看病人支援費へと拡充され、韓国外に住む被害者へも支援が始まりました。

この間、民主化プロセスの一環として「過去清算」、つまり過去の見直しが始まりました。その集大成が盧武鉉政権下で行われた「過去清算」関連の各種の真実委員会の活動でした。その目的は、植民地支配に関しては、被害(強制動員)、協力(親日派)、抵抗(独立運動)の真相究明にありました(詳しくはtopic5参照)。

一方、金学順ら「慰安婦」被害者たちが日本政府を相手に提訴した1990年代には、徴用工や勤労挺身隊など強制動員被害者たちも日本の企業を相手に損害賠償を求め提訴をしました。2000年代前半に「慰安婦」裁判はすべて敗訴し、2000年代後半から10年代前半に強制動員被害者の裁判もすべて敗訴しました。ただし、日本の多くの裁判所は「慰安婦」の被害事実を認め、また強制動員が違法だったことも認めています。2000年から強制動員被害者たちは、韓国の裁判所で日本の企業への提訴を始めました。

そうしたなか2002年、植民地支配による被害者(「慰安婦」、強制動員被害者など)が1965年の日韓会談関連文書の公開を求め提訴したことから、05年に盧武鉉政権はすべての日韓会談関連文書を公開しました。これを受けて同じ年に民間と政府で構成された「民官共同委員会」は、「慰安婦問題など反人道的不法行為は日韓協定で解決したとみなせない」として日本政府の法的責任を追及する姿勢を明らかにしました。

李明博政権は「慰安婦」問題の解決に消極的でしたが、2011年8月に「慰安婦」問題に対する韓国政府の不作為《ふさくい》は違憲とする憲法裁判所の判決が下ると、李大統領は同じ年12月の日韓首脳会談で「慰安婦」問題の解決を野田佳彦《のだよしひこ》政権に求めました。野田首相は「日韓条約で解決済み」という姿勢を崩さず、物別れに終わりました。次の朴槿恵政権は、最初は「慰安婦」問題の解決に向けて強い態度でしたが、米国の後押しを受けて妥協し、15年12月に安倍政権との間で日韓「合意」を発表して、日本政府予算10億円で韓国政府が被害者を「癒《いや》す」事業を行うことで問題を終わらせようとしました。日本政府は《平和の少女像》の撤去も求めました。しかし被害女性たちは「歴史を売った」と強く反発し、支援団体や世論も反対しました。

文在寅政権と歴史問題――〈被害者中心〉のアプローチ

国連の女性差別撤廃委員会は2016年3月、日韓「合意」に対し「被害者中心のアプローチを十分に取らなかった」と批判しました。この原則を朴槿恵政権は無視しました。しかし、朴政権がスキャンダルで倒れたあと、17年5月に成立した文在寅政権はこの原則を全面的に取り入れていくことになります。

大統領就任の翌日、安倍首相と電話会談を行った文在寅大統領は、日韓「合意」の実施も《少女像》の撤去も難しいという立場を正式に伝えました。この年8月の光復節記念式典で文大統領は、「慰安婦」被害女性や強制徴用の被害者などをまねき、日韓の歴史問題の解決への決意を表明しました。

その後、文政権は〈被害者中心〉のアプローチという観点から日韓「合意」に関する再検証を始め、報告書を提出しました。これを受けて文政権は2018年1月に新方針を発表し、今後は〈被害者中心〉の措置を行うと宣言して10億円を凍結し、日本政府に再交渉は求めないものの「自発的な謝罪」を求めました。

徴用工に関しては、李政権下の2012年、韓国の大法院が原判決を破棄して事件を高等法院に差し戻し、裁判の流れが変わりました。しかし大法院は5年間も判決をだしませんでした。判決が遅れたのは、朴政権が大法院幹部に工作させたためでした。18年10月、大法院は原告勝訴の判決を出しました(Q1参照)。

このように、韓国政府は歴史問題に対してつねに積極的だったわけではありません。朴槿恵政権のように、被害者の声を聞かずに日韓「合意」を強行し、徴用工の大法院判決がでるのを妨害したりしたからです。それでも被害者たちの訴訟と判決、支援団体の長年にわたる熱心な運動、解決を望む世論に後押しされて、文在寅政権は「慰安婦」問題に〈被害者中心〉のアプローチを取り入れ、徴用工の大法院判決を尊重するなど歴史問題に被害者尊重の視点でとりくむようになりました。歴史問題がようやく民主化されつつあるのです。

参考文献
金富子・板垣竜太責任編集『朝鮮人「慰安婦」と植民地支配責任　増補版』御茶の水書房、2018年
山本晴太ほか著『徴用工裁判と日韓請求権協定——韓国大法院判決を読み解く』現代人文社、2019年

topic_5

韓国の民主化と過去清算

藤永 壮

韓国社会の歴史認識

日本では、韓国政府あるいは韓国人が、戦後70年以上たった今も、過去の日本の植民地支配への怨《うら》みをもとに強い反日感情を抱き、いつまでも日本に対して無理な要求をしていると受けとめている人が多いようです。しかし韓国社会の歴史認識は、必ずしも「反日」で凝《こ》り固まっているわけではありません。むしろ今日、多くの韓国の人びとがめざしているのは、植民地支配の負の遺産を克服できないまま、民主主義や人権が抑圧され、多くの犠牲者をだしてきた韓国の現代史をふまえ、すべての人が人間らしく生きられる社会と国家の仕組みを創り出そうとするところにあると言えるでしょう。韓国の大法院による「徴用工」判決も、過去の人権抑圧被害者への尊厳回復を推し進める、韓国社会の地殻変動という脈絡から読み解くべきです。

1948年に分断国家の一方として樹立された大韓民国は、共産主義体制の朝鮮民主主義人民共和国との対立を余儀《よぎ》なくされました。とくに1950〜53年の朝鮮戦争で同じ民族どうしが争い大きな犠牲をだしたことで、韓国では「反共」「反北」を名分とする独裁政権が続きます。民主主義や南北和解を主張し独裁を批判すると、国家の安全を危うくするとして厳しく処罰される時代だったのです。

こうした状況は1987年の6月民衆抗争で劇的に転換しました。この時、民主化を求める集会やデモは空前の規模に達し、当時の軍事政権はその要求を全面的に受け入れざるをえなくなりました。こうして韓国の国家制度は民主的な仕組みへと大きく舵《かじ》を切っていきました。

民主化と過去清算の始まり

6月民衆抗争に至る1980年代の韓国の民主化運動は、とくに1980年、光州《クァンジュ》という地方都市で起こった軍部への抗議活動を、軍部隊などが残酷《ざんこく》に弾圧する過程で生じた犠牲、被害の責任を問うという過去清算（韓国では「過去事清算」と言われます）の要求を、直接の起爆剤《きばくざい》としていました。したがって民主化された国家体制のもとでは、まず光州民主化運動を弾圧し政権を掌握《しょうあく》した軍人出身大統領の責任が、厳しく追及されることになります。このことをきっかけに韓国社会では、過去にさかのぼり、国家が暴力をもって引き起こしたさまざまな民衆の犠牲や被害に対して、真相究明、被害者への補償、責任者処罰などを要求する声が高まっていきます。

1998年に政権交代が初めて実現し、金大中《キムデジュン》大統領が就任すると、過去清算は本格的に政府の手で進められていきます。代表的なものとしては、まず済州《チェジュ》4・3事件の真相究明があります。1948年4月3日に韓国の南端・済州島で、南北分断に反対し左翼勢力が武装蜂起《ぶそうほうき》すると、警察・軍などはこれを徹底的に弾圧し、その過程で約3万名の済州島民が死亡しました。犠牲者の多くは反乱の嫌疑《けんぎ》をかけられた民間人だったのですが、歴代の政権はこれらの人びとを「共産暴徒《ぼうと》」と決めつけ、国家による虐殺の責任を認めようとしませんでした。そこで金大中政権は特別法を制定し、済州4・3事件の真相究明を目的とする委員会を設置しました。そして2003年10月、金大中の後任である盧武鉉《ノムヒョン》大統領は、委員会報告書の勧告《かんこく》にもとづき、過去の国家権力の過《あやま》ちを認め、犠牲者遺族と済州島民に対して公式に謝罪したのです。

また金大中政権では、民主化運動に関連した「疑問死」、すなわち国家機関の関与が疑われながら、その真相が明らかでない死亡事件の調査にも取り組みました。しかしこの真相調査は、調査対象である公安機関や警察などの非協力・妨害や、保守勢力の猛烈な非難によって困難をきわめ、十分な成果を収めることはできませんでした。

過去清算の進展

韓国政府による過去清算の政策は続く盧武鉉政権でいっそう大きな進展を見せます。まず紹介すべきなのは、いわゆる「親日」・反民族行為に対する真相究明です。日本の植民地支配を経験した朝鮮民族にとって、親日という言葉には「日本に対して好意をもつこと」という一般的な意味とは異なり、自らの利益や保身のために侵略者である日本と手を組んだ、民族共同体への背信《はいしん》行為という意味合いがあります。ところが李承晩《イスンマン》韓国初代大統領は自らに反対する勢力を抑えるため、植民地時代の警察官などの「親日派」を多数登用しました。軍事クーデターで政治権力を握り、1960〜70年代に韓国の経済成長を推進した朴正熙《パクチョンヒ》大統領は、日本の陸軍士官学校出身で、事実上、日本軍の指揮下にあった満洲国軍の士官でした。こうして「反共」を旗印に掲げる韓国の歴代独裁政権のなかで、親日派とその流れをくむ政治勢力は一貫して重要な位置を占めていました。独裁政権期の民衆に対する暴力や人権蹂躙《じゅうりん》は、この政治勢力の責任によるところが大きいのです。そして、その系譜は現在の韓国政界の保守派の一角に連なるため、親日行為の検証、清算は長くタブーとされてきました。

盧武鉉政権は2005年5月、保守派の激しい反発を抑えて、親日・反民族行為調査の特別委員会を設置し、調査の結果1006名の親日行為が認定されました。日本の一部マスコミは委員会設置の根拠となった法律を「反日法」などと呼びましたが、これは悪意をもった歪曲《わいきょく》と言わなければなりません。

真実和解委の活動

さて過去清算にかかわる立法、委員会設置は個別の事件ごとに行われてきましたが、取り上げるべき案件があまりに多岐にわたっていたため、盧武鉉政権では植民地時代から独裁政権の時期にいたるまで、権力機関が行ったさまざまな民衆弾圧・虐殺事件を包括的に調査する委員会が設置されました。それが2005年12月に発足した「真実・和解のための過去事整理委員会」（以下「真実和解委」）です。

真実和解委の調査範囲は、「抗日独立運動」「海外同胞史」などを含む6項目に分類されましたが、そのなかでとくに成果を上げたものが、朝鮮戦争とその前後に起こった民間人集団犠牲事件です。先にふれた済州4・3事件をはじめ、この時期には左翼勢力とつながっていると疑われた民間人が、味方であるはずの韓国軍などによって集団的に殺害される事件が各地で発生していました。その個別の事例については、比較的早くから知られているものもありましたが、6月民衆抗争以後、全体像の真相究明を求める声が急速に高まったのです。調査の結果、朝鮮戦争期に韓国の軍や警察が、全国的に多数の非武装民間人を裁判などの法的手続きなしに殺害した事実が明らかにされました。

真実和解委で集中的に調査されたもう一つの重要な問題は、不十分に終わった疑問死調査を引き継ぎその調査範囲を「死亡・殺害・失踪事件」に拡大した、独裁政権期の人権侵害事件です。多くは個別の申請を受けるかたちで実施され、不当な人権侵害があったのかが調査されました。

真実和解委が処理した案件は1万1175件にのぼりました。真実和解委は調査結果にもとづいて、犠牲者の遺体発掘地域選定、公安機関などへの勧告、人権侵害事件（冤《えん》罪《ざい》など）への再審勧告、そして政府に対して被害者救済、再発防止などを求める総合的な勧告などを行いました。

成果と課題

このように韓国の過去清算は真相究明に多くの成果を上げましたが、調査には不十分な点も多く、未完成の印象があります。とくに2008年に保守派が政権に返り咲くと、過去清算の作業は終了、縮小を余儀なくされました。

しかし一方で、真実和解委の真相調査をもとに、韓国の裁判所は朝鮮戦争期の集団犠牲事件に対する国家の損害賠償責任を認め、また冤罪など人権侵害事件への再審では被害者の無罪判決が相次ぎました。済州4・3事件に関しては、立法によって犠牲者への補償を実現させる働きかけが粘り強く続けられています。4・3事件鎮圧作戦への派遣を拒んで軍人らが蜂起した、麗水《ヨス》・順天《スンチョン》事件（1948年）の真相究明などを求める特別法制定も、重要な局面を迎えています。その意味で、韓国の過去清算は今なお進行中と言えます。

参考文献

藤永壯「韓国の「過去清算」とは何か」『情況』第3期第6巻第9号、2005年10月

金東椿（金美恵ほか訳）『朝鮮戦争の社会史——避難・占領・虐殺』平凡社、2008年

藤永壯「韓国における「親日」清算問題の位相」歴史学研究会編『「韓国併合」100年と日本の歴史学——「植民地責任」論の視座から』青木書店、2011年

李在承「韓国における過去清算の最近の動向」『立命館法学』第342号、2012年

文京洙「問題解決の到達点と課題——日本からの視点（四・三事件70年）」『世界』第910号、2018年7月

PART－4

なぜ、これほど日韓関係は悪化したのか？

――メディアのズレを読む

徴用工訴訟に対する大法院判決を報じる2018年10月31日付の韓国主要各紙
（提供：共同通信社）

Q11 日本のマスメディアは《少女像》撤去・移転をどう報じているか？

◆──岡本有佳

日本政府の主張を検証しない日本メディア

日本の新聞やテレビで、「韓国・ソウルの駐韓日本大使館前にある《平和の少女像》は国際法違反である」という話を耳にしたことのある人は多いでしょう。

ここで言う「国際法違反」とは、「ウィーン条約第22条」にある「公館の安寧《あんねい》の妨害・威厳の侵害」に抵触《ていしょく》し「違反」だという主張です。安倍政権は一貫して「撤去・移転」を求めつづけていますが、その根拠として必ず持ち出すのがこれです。では《平和の少女像》は、本当に国際法違反なのでしょうか？

実際、《平和の少女像》の設置によって大使館の任務遂行を妨《さまた》げておらず、公館の損傷や職員の危険はありません。

もっとも、国際法上、何をもって「公館の安寧の妨害・威厳の侵害」なのかは一義的でないと、国際法学者の阿部浩己さんは指摘しています。「各国の判例が示唆しているのは、公館の安寧・威厳にかかる問題は、使節団／領事機関の任務遂行が妨害されているか、公館に向けられた行動が攻撃的で侮蔑的なものか、さらに、表現・集会等の自由が適切に保障されているか、といった事柄を十分に考慮に入れて判断すべき」というのです。

さらに、ウィーン条約違反か否かの判断には、現在の国際法体系全体に照らした視点を導入することだというのも重要な視点でしょう。国際人権法の観点から見ると、記念碑の設置は、「人権侵害の被害回復措置の一つ」であり、「過去に向き合い、過去について知る市民の権利」と密接にかかわっているのです。

これらを総合的に判断すると、「公館の安寧の妨害・威厳の侵害」と判断するのは困難と思われるにもかかわらず、《平和の少女像》の撤去を要求するのは、表現の自由や被害回復の促進など国際人権諸条約の要請を否認する事態を招きかねない恐れがあると警鐘を鳴らしています（以上、阿部「平和の碑の設置と国際法」、阿部『国際法を物語る 2』参照）。

日本の新聞やテレビで、このような視点から検証した記事や番組を筆者は見たことがありません。全国紙5紙すべてが安倍政権の主張どおりに伝えるだけで、撤去されてしかるべきとの論調になっています。

一方、韓国のマスメディアでは、保守／リベラルを超え、日韓「合意」直後から国際法の専門家などの見解、実例、判例を参照しながら日本政府の主張の根拠を問い、それに追随する韓国政府を批判しています。こうした韓国の報道は、日本の新聞各社のソウル特派員なら必ず目にしているはずですが、日本メディアはなぜ判例や基準などを独自に調査し検証しないのでしょうか？

「反日」という決めつけ

日本では、少女像は「反日」の象徴だという言説があとを絶ちません。とりわけネットやＳＮＳでは悪意に満ちたものがあふれているわけですが、日本のマスコミはそうした言説も検証していくべきなのに、むしろそれを補完するような報道も少なくないのです。

そもそも《平和の少女像》は、日本軍「慰安婦」サバイバーたちが日本政府に謝罪や賠償、真相究明などを求めて始めた「水曜デモ」（現在も続く世界最長のデモ）が２０１１年12月に１０００回を迎えるにあたり、サバイバーたちの運動を称え建立された「平和の碑」として、支援団体である韓国挺身隊《ていしんたい》問題対策協議会（以下、挺対協、現・日本軍性奴隷制問題解決のための正義記憶連帯）が起案しました（ｔｏｐｉｃ２参照）。当初はプレート状の碑をつくる予定だったところに、彫刻家キム・ソギョンさんとキム・ウンソンさん夫妻が芸術家として何かできることはないかと挺対協を訪れ、企画に参加する過程で少女像という形がつくられていったのです。

見過ごせない報道の一例を紹介します。２０１７年７月４日にフジテレビで放映された第26回ＦＮＳドキュメンタリー大賞ノミネート作品『交わらぬ視線　きしむ日韓の現場から』（制作・テレビ西日本）です。ここでは２点だけ指摘します。

番組では、まず挺対協を「反日の急先鋒」と決めつけ、〈日韓合意に反対する大きなうねりの中で、元慰安婦たちは当事者として自ら主張しているのか、それとも挺対協に利用されてしまっているのか〉と伝えました。ソウルの駐韓日本大使館前での「水曜デモ」で、事前取材申し込みがなかったと対応を拒否する挺対協代表をカメラが執拗に追い回します。これだけでも暴力的ですが、そのなかで少女像について尹美香《ユンミヒャン》代表（当時）が発言する部分で、テロップには〈この少女像は参加者による約１００億円の寄付で建てられたもので〉と出ます。金額が高すぎると思った私は、肉声を複数のネイティブに確認しました。それは「ここは水曜デモに参加した方たちが１０００ウォンずつ出して建てたものです」という発言でした（傍点筆者。以下同）。１０００ウォン＝約１００円です。つまり、「約１００円ずつ出して」を〈約１００億円の寄付で〉とテロップで出していたのです。

テレビ西日本に確認すると、局でも複数の韓国人翻訳家に確認したところ「参加者による〝１０００ウォン以上〟の寄付で建てられた」と肉声で言っていることを認めました。しかし、局による取材で「慰安婦支援団体が約１００億円の資金を集めた」との情報を得て「意訳」したもので、あくまでも誤報ではないと主張しました。しかし、肉声にかぶせて、事実に反する「意訳」を流していいのでしょうか。日本民間放送連盟の報道指針で禁じる「視聴者・聴取者に誤解を与える表現手法」であることは明らかです。筆者が挺対協に確認したところ、「そんな事実はない」との回答を得ています。

さらに番組後半では、挺身隊問題対策釜山協議会の理事長の長いインタビューが配置され、そのなかで挺対協を批判し、〈「何百億円と集めた」「金は挺対協だけに集まっている」「一つの商売」〉だと発言します。番組はこの発言の裏をとっているのでしょうか。

少女であることの意味

日本では2017年2月、外務省が少女像の呼称を「慰安婦像」に統一する方針を決めました。「『慰安婦』が少女ばかりだったような印象を与える」などと変更を求める意見が自民党から相次いでいたことを受けたものとされています。しかし、朝鮮人「慰安婦」の過半数が10代の女性だったことは歴史研究で実証されています（金「朝鮮人『慰安婦』はなぜ少女が多かったのか？」）。ここに植民地支配が背景としてあることを見落としてはなりません。こうした基礎的な歴史的事実を伝えるのも本来はメディアの役割ですが、そのような解説記事も見たことがありません。

「少女像撤去」をめぐって、多様な意見を伝えているか

NHK「クローズアップ現代＋」の「韓国　過熱する〝少女像〟問題～初めて語った元慰安婦」（2017年1月24日放映）は、「日韓関係の行き詰まりの原因がもっぱら韓国側にある」という偏った報道をしました。筆者らは番組への公開質問状を送付し、偏向報道抗議記者会見を開いたうえで、BPO（放送倫理・番組向上機構）に申し立てをしましたが、マスコミはいっさい無視したままでした。

番組では、少女像について「まさに当事者の思いとは異なる形で少女像が設置されている」とまで断定しましたが、少女像を自分と重ねあわせ愛情をそそぐサバイバーたちもいます。

たとえば、二〇一六年一月、日韓「合意」後初めて当事者として来日した姜日出《カンイルチュル》さんは「〈少女像〉を撤去するのは私たちを殺すこと」と数百人の日本市民、記者たちの前で語りました。ほかにも「自分の分身」と語った金福童《キムボクトン》さん、「どれほど慰められたかわからない」という李容洙《イヨンス》さん。しかし番組ではこのような当事者の声はいっさい報道されませんでした。

さらに、日本でも、少女像設置に賛同する市民の「さまざまな意見や見方」があるのに、伝えられることはほぼありません。たまに投書欄で見かける程度です。

再発防止に必要な歴史教育へのメディアの役割

テレビの影響力は、新聞に比べるとまだまだ大きいでしょう。若い世代がいくらテレビ離れしていると言っても、ネットとテレビの並行利用は10〜30代で30％程度もありますし、ネット配信も広がっています。また今の人口の比率で言えば、中高年のほうが多いわけですから、地上波テレビの影響力は無視できません。

そのなかでも筆者がモニタリング（監視）する必要があると思っているのが、池上彰さんの冠《かんむり》番組です。なぜならばフジテレビからＴＢＳまであらゆる民放で視聴率を確保し影響力をもっているからです。

「池上彰の現代史を歩く第17回　緊急取材！なぜ？疑問だらけの韓国」（テレビ東京、２０１９年３月31日放送）は、池上さんが韓国に行って取材する2時間近くの番組ですが、途中、大学生5、6人と座談会をします。池上さんが「日本大使館の前に少女像ができたり、日本に謝罪を求めたりしてますよね。こういう動きについてどのように見てます？」と尋ねると、ソウル大の女子学生が「謝罪は謝るだけではなく、相手が受け入れないと謝罪にならないと思います」と言い、同じく2人目の学生が「日本の歴史教科書に書くとか、公式の場で歴史の誤りを認めることが真の謝罪だと思います」と言います。

ここで驚くことに、池上さんは、「日本の歴史の教科書にも慰安婦のことは書いてありますよね。日本でも教えているんですけど」と言ったのです。言うまでもありませんが、義務教育の中学歴史教科書では、90年代に歴史修正主義者が台頭してきて「新しい歴史教科書をつくる会」ができ、「慰安婦」問題記述は一時ゼロになります。最近ようやく学び舎の『ともに学ぶ　人間の歴史』だけが「慰安婦」について記述し採択されたわけです。しかし、採択した学校に「反日極左」だとして採択中止を求める抗議はがきが大量に送られた事件は記憶に新しいと思います。日本では「慰安婦」問題をちゃんと教えているというのは事実ではありません。

学校教育で「慰安婦」問題がタブー化され、ネットではフェイクニュースがあふれるなかで、日本のマスコミが安倍政権の主張への検証を怠《おこた》り、〈少女像〉をめぐる当事者や市民の多様な声を伝えないことは、日本社会の認識に大きな影響を与えます。その結果、日韓両国ひいては国際社会との認識のギャップをさらに広げることになるのです。

参考文献

阿部浩己「平和の碑の設置と国際法」『ｗａｍだよりVol.36』２０１７年８月
阿部浩己『国際法を物語る２　国家の万華鏡』朝陽会、２０１９年
岡本有佳「日韓のメディア比較――『合意』をめぐって何を伝え、何を伝えなかったのか」『「慰安婦」問題と未来への責任――日韓「合意」に抗して』大月書店、２０１７年
金富子「朝鮮人『慰安婦』はなぜ少女が多かったのか？」金富子・岡本有佳編著『増補〈平和の少女像〉はなぜ座り続けるのか』世織書房、２０１６年
金富子・板垣竜太責任編集、Fight for Justice「慰安婦」問題サイト制作委員会編『Ｑ＆Ａ　朝鮮人「慰安婦」と植民地支配責任　増補版』御茶の水書房、２０１８年

Q12

日本のマスメディアは徴用工問題をどう報じたのか?

土田 修

元徴用工訴訟《ちょうようこうそしょう》について日本の新聞各紙は韓国の大法院《だいほういん》判決の翌日、2018年10月31日付朝刊で「元徴用工への賠償《ばいしょう》命令 韓国最高裁、日本企業に」(『朝日新聞』)、「徴用工訴訟 賠償確定 韓国最高裁、新日鉄住金に」(『読売新聞』)などの大きな見出しで報道しました。各紙の記事で共通しているのは、「日本政府は、元徴用工の補償問題は1965年の日韓請求権協定で『完全かつ最終的に解決済み』との立場をとる」(『朝日新聞』)など日本政府の立場を代弁し強調している点です。「判決は国際法に照らして、あり得ない判断だ」(『朝日新聞』など)という安倍晋三《あべしんぞう》首相の談話を掲載しています。

この裁判の争点は、企業に対する元徴用工個人の請求権が残っているのかどうか、ということでした。1965年に日韓請求権協定には「完全かつ最終的に解決した」という文言がありますが、それは日本・韓国との間の「外交保護権」を放棄したという意味です。元徴用工のような個人の権利を消滅させるものではありません(Q2、Q3参照)。

「個人の請求権は消滅していない」がもともとの政府見解

日本政府ももともと、同様の解釈をしていました。1991年8月27日の参議院予算委員会で、柳井俊二《やないしゅんじ》外務省条約局長（当時）が「日韓両国が国家として持っている外交保護権を相互に放棄したということであり、個人の請求権そのものを国内法的な意味で消滅させたというものではない」と明確に答弁しています。

ですが『朝日新聞』は「韓国の最高裁判決は、国と国との約束である請求権協定を覆《くつがえ》してでも、元徴用工に賠償するべきだと指摘した」と批判、『読売新聞』は「日本政府としては、元徴用工の請求権は解決済みとした同協定に反する国際法違反の状態を問題視するとともに、判決を放置すれば日韓関係の基盤が根本から揺らぎかねない」と「国際法違反」や「日韓関係への重大な影響」にまで言及しています。

というのも2000年に入って、中国人強制連行の被害者が訴えた裁判で原告の主張が認められたことから、日本政府は従来の見解を変更し、戦後補償をめぐる裁判ではサンフランシスコ平和条約や日韓請求権協定などによって「すべて解決済みだ」と主張をするようになったのです。

しかし、サンフランシスコ平和条約には、「個人の請求権」を裁判で請求することができないとは一言も書かれてはいません。しかもサンフランシスコ平和条約には中国も韓国も加わっていません。この条約に参加していない国の被害者にその条文を適用するにはあまりにも無理があります。

「政治報復」と決めつける意図的な報道

2018年10月31日付の『東京新聞』は1面の解説で「韓国政府は、慰安婦問題などと違い、元徴用工の請求問題は1965年の日韓請求権協定で解決済みという立場を維持してきた。両国関係の法的基盤を揺るがす司法判断が『積弊清算《せきへいせいさん》』という政治の流れに組み込まれてしまった形だ」と書きました。

「積弊清算」は韓国の文在寅《ムンジェイン》大統領が国政の第一に掲げたスローガンです。李明博《イミョンバク》、朴槿恵《パククネ》と続いた過去の保守政権によって積み重なった不正（弊害）をただし、新しい韓国をつくることをめざしています。

韓国保守派は「政治報復だ」として巻き返しをはかり、文政権への対抗姿勢を強めていますが、日本の大手新聞も、韓国の軍事政権を支えた韓国三大紙『東亜日報』『中央日報』『朝鮮日報』と提携関係にあることから、韓国保守派を「親日派」とみなし、文大統領を「反日派」と位置づける報道を繰り返しています。

日韓請求権協定によって「個人の請求権」をめぐる日本政府の主張が正しいのかどうかを検証することもなく、その主張をなぞったうえで、文政権による「政治報復」「保守派潰《つぶ》し」と決めつける意図的な報道です。

日本の新聞各紙は、「日韓請求権協定によって個人の権利は消滅した」という政府見解や、文政権による「政治報復」と決めつける韓国三大紙の報道をなぞって報道しているように見えます。少なくともその問題に切り込んだ分析や検証を加えた記事は見当たりません。

韓国に対する「宗主国《そうしゅこく》」の差別意識

そもそも世界人権宣言では、だれもが裁判を受けるうえで「完全に平等の権利を有する」と規定しています。つまり日本は国際法によって裁判を受ける権利を保障する義務を負っているのです。ですから、「個人の請求権は消滅していないが、裁判で請求できない」とする、２００７年４月の最高裁判決は国際法上の義務をまるきり否定する違法な判断ということになります。

なのに韓国大法院が元徴用工の請求を認めただけで、日本のメディアが「解決済みの問題を蒸し返した」と大騒ぎするのはとても不思議なことです。そこには「反日」と決めつけた文政権に対する嫌悪感と、かつて植民地であった韓国に対する「宗主国」側の差別意識が透けて見えていると思います。

その後、被告企業である新日鉄住金の資産が差し押さえられたことを受け、日本政府は２０１９年１月９日に韓国政府に二国間協議を申し入れましたが、韓国政府はこれに応じませんでした。『毎日新聞』（２０１９年1月11日付クローズアップ２０１９）は「日韓 溝さらに深く」という見出しで、「文政権が日韓関係を管理するために主体的な役割を果たしていない」という日本政府の見解を引用することで韓国政府を痛烈に批判しました。

日本政府はあらゆる対抗措置を検討

元徴用工の個人請求権問題が浮上した背景には、日本の植民地支配の問題があるにもかかわらず、歴史的事実に目を向けようとしないばかりか、反対に韓国併合や植民地支配を正当化するような言説を繰り返してきた安倍政権の姿勢が韓国側のいらだちをかき立てていることも否定できません。

こうしたなか、2019年7月1日、日本政府は半導体材料の韓国向け輸出規制を強化すると発表し、各新聞はいっせいに翌2日付1面で「元徴用工問題への対抗措置」として大きく報道しました。日本政府はあくまで「(韓国への輸出規制強化は)禁輸措置ではなく、貿易管理の見直しだ」と強弁していますが、韓国側は「経済報復」だとして、世界貿易機関(WTO)への提訴を検討しているとも報道されています。

2019年7月2日付『読売新聞』によると、「政府はこれまで、元徴用工の訴訟問題を巡り『あらゆる(対抗措置の)選択肢を検討している』との立場を韓国側に伝えてきた」とのことでした。その対抗措置のなかには「一部の日本製品の供給停止やビザ(査証)の発給制限なども検討」したそうです。

そうしたなか、日本政府は同年8月2日、輸出手続きを簡略化できる「ホワイト国」(輸出優遇国)のリストから韓国を除外する政令改正を閣議決定しました。政府は「武器転用の懸念がある」など安全保障上の問題を理由にしていますが、大法院判決への報復措置であることは明らかです。

翌8月3日付『朝日新聞』は1面トップでこのニュースを伝え、文大統領の「明白な経済報復だ」とする批判を掲載しました。ただ、「日韓外相が応酬」とエスカレートする日韓対立に焦点をあてただけで、「韓国を非友好国」と世界に宣言したに等しい重大措置についての分析や論評は見当たりませんでした。

メディアの問題が浮き彫りに

安倍政権が「元徴用工訴訟問題への対抗措置」として韓国向け輸出規制の強化を行ったことは議論の余地がありません。『産経新聞』の2019年6月30日付1面の特ダネ記事で「半導体材料 対韓輸出を規制」「政府 徴用工問題に対抗」という記事を掲載し、「ホワイト国除外についても8月1日をめどに運用を始める」と書きました。日本政府はあくまで元徴用工問題への対抗措置ではなく「輸出管理の運用見直しだ」と説明していますが、韓国がWTOに提訴した場合に「経済報復」と判断されて敗訴する恐れがあったからです。

6月28、29日には大阪で主要20か国・地域（G20）首脳会談が開催されました。日本政府はG20で自由貿易や反保護主義を掲げてきました。「自由貿易の推進」が日本政府の原則のはずでしたが、英字紙『フィナンシャル・タイムス（電子版）』は「日本の自由貿易の偽善を露呈するもの」と批判しました（2019年7月2日付『読売新聞』）。

日本では、政府への批判記事が海外メディアの引用として報道されるケースが多いようです。元徴用工問題をめぐる報道は、記者クラブ制度を介して権力のプロパガンダ・フィルターに堕している日本のマスメディア・ジャーナリズムの問題性を浮き彫りにしました。

Q13 日本のマスメディアは日韓関係の悪化をどう報じ、何を報じていないか？

土田 修

今年（２０１９年）７月下旬、日本海側の地方都市の喫茶店でコーヒーを飲んでいると、隣に座った女性客と店員との会話が耳に入りました。「韓国人って嫌だわね」（女性客）↓「本当ですね、河野《こうの》さんがガツンと言ってくれたのですっきりしましたよ」（店員）↓「あの人、外国にきちんとものが言える本物の政治家だわ」（女性客）。

「河野さん」というのは当時、外務大臣だった河野太郎氏のことです。韓国大法院（日本の最高裁にあたる）の元徴用工《ちょうようこう》判決をめぐって韓国政府が日韓請求権協定にもとづく仲裁《ちゅうさい》委員会の設置に応じなかったことから、河野氏は7月19日に駐日韓国大使を外務省に呼びつけ抗議しました。翌20日付『朝日新聞』は「日韓悪化歯止めかからず」「河野外相、韓国の再提案『無礼だ』」の見出しで、「（韓国大使が）日韓企業が資金を出し合う韓国側の案に触れると、言葉を遮《さえぎ》り、『……改めて提案するのは極めて無礼だ』と語気《ごき》を強めた」と報道しました。喫茶店の会話は、この河野氏の韓国大使に対する「無礼だ」発言をめぐってのことでした。

河野氏の「無礼だ」発言について、各紙は「韓国へ圧力強める」「仲裁応じず　外相『極めて無礼』」（『読売新聞』）「韓国大使　基金案を再提示」「河野外相『無礼』と不快感」（『東京新聞』）と似たり寄ったりの記事を掲載しました。民放テレビのワイドショーでもこのニュースは繰り返し大きく取り上げられました。

右派論客に応えるためのパフォーマンス

実は、月刊『正論』３月号の「韓国許すまじ」という「嫌韓」特集のなかで、島田洋一・福井県立大学教授は「韓国にモノ申さず　河野外相と岩屋《いわや》防衛相の不甲斐なさ」という記事を掲載しました。記事は河野氏の政治家の技量に疑問符をつけたうえで、「（韓国に対し）具体的な対抗手段の検討を急ぐべきだ」とする『産経新聞』の社説（２０１８年10月31日付）を引用し、「制裁措置などについて……強い指示はない」とその弱腰ぶりを批判しています。河野氏の「無礼だ」という発言は右派論客の批判に応えるためのパフォーマンスだったようです。

河野氏が「はっきりモノを言える政治家」であれば、アメリカの高官にも同じような強い発言ができるはずです。結局、メディアが河野発言を報道することで、地方にまで「韓国嫌い」を広めてしまったようです。

その後も日韓の対立は深まりつづけています。日本政府がホワイト国から韓国を除外したことに対し、韓国政府は軍事情報包括保護協定（ＧＳＯＭＩＡ）の破棄を通告し、世界貿易機関（ＷＴＯ）へ提訴する方針を打ち出しました。日韓「合意」を受けて設立された「和解・癒し」財団の解散や韓国軍によるレーダー照射問題なども絡み、日韓対立はエスカレートする一方です。

こうした韓国政府の対応について日本の新聞各紙は、文在寅《ムンジェイン》大統領が来年春の韓国総選挙に向け、「対日強硬策」で求心力向上をねらっていると報じました。『読売新聞』（2019年8月23日付）は「韓国 対日圧力強化」の見出しで「（GSOMIAの破棄を決めたのは）文在寅大統領が内政上の苦境に陥り、再び態度を変えたため」と報じました。

反日は支持率上昇の材料か？

『週刊文春』は、「『韓国と徹底的に白黒つけろ』安倍vs.文在寅」（8月15・22日号）の記事で、文大統領には「反日の旗を降ろせない事情がある」とし、「輸出規制の問題が浮上する前には40％台だった文政権の支持率が、7月の3週目から50％台に上昇しています。……反日の姿勢を支持率上昇の材料として利用しているのです」というジャーナリストのコメントを掲載しています。

いずれも「悪いのは韓国」という印象を読者に与える報道です。『朝日新聞』は「対立拡大の連鎖を断て」という社説（8月24日付）で「国と地域の未来を考える冷静な思考を踏み外したというほかない。大統領はいま一度、（GSOMIA破棄を）熟考し、決定を覆すべきである」と文氏を厳しく指弾しました。

「嫌韓は視聴率が稼げる」という暗黙の了解

この間の民放テレビのワイドショーは韓国嫌いのヘイトスピーチを連日のようにお茶の間に流しつづけました。テレビ朝日の「羽鳥慎一モーニングショー」(9月2日)の「日韓対立特集」では、「韓国人に暴行を加えるという情報がネットで流れているので、父が訪日を心配していました」と語る韓国人女性の映像を流しました。同時に「実際に来てみたら日本人は親切で全然心配いらなかった」というコメントも紹介しましたが、アナウンサーが「そういう気持ちや心配が韓国国内ではあった」と解説を加え、あたかも韓国人の〝被害妄想《もうそう》〟にもとづくデマとして笑い飛ばしました。

日本のメディアが韓国人の「国民性」に対する偏見をもっているのも確かです。『週刊ポスト』は「怒りを抑えられない『韓国人という病理』」(9月13日号)という記事を掲載しました。「政府に向けられるべき怒りが〝反日〟という形で発散されているのは、政府にとっては好都合」というジャーナリストのコメントを紹介しています。日韓対立の背景に〝韓国人の病理〟や〝被害妄想〟があると言いたいのでしょうが、根拠のない民族的な差別でしかありません。

「日本が朝鮮を近代化した」という誤った歴史観

月刊『文藝春秋』2019年4月号の特集で、黒田勝弘氏は「明治の征韓論《せいかんろん》には、列強入りした日本が鎖国を続ける李氏《りし》朝鮮に〝国際的スタンダード〟を振りかざして開国と対日修交を迫ったという意味合いがありました」と語っています。本当に「征韓論」を唱えて断交し、韓国と戦争をしようというのでしょうか?

「征韓論」や「韓国との戦争」はもちろん論外ですが、『読売新聞』（2019年1月11日付）が報道しているように、「国際法違反の状態を是正する責任は韓国側にある」（岸田文雄・自民党政調会長）というのが安倍内閣の姿勢です。

『朝日新聞』の「米仲裁、日韓で温度差」という見出し記事（同年8月1日付）にあるように、日本政府は米国の仲裁にも応じませんでした。こうした妥協の余地のない強圧的な立場を続けるかぎり、問題解決にいたる可能性は非常に低いと言えます。

『文藝春秋』の対談で黒田氏は「（文大統領が）今、意気揚々《ようよう》と安心して対北融和政策を展開できるのは、日本の協力のもとで朴正熙《パクチョンヒ》元大統領をはじめ保守政権が培った経済力や軍事力を含む国力があるからではないですか」とも語っています。

また、月刊『ｗｉｌｌ』2019年11月号は特集「韓国が消えても誰も困らない」で、「日帝三十六年こそ天国だった」と日本の植民地時代を礼賛《らいさん》する対談記事を掲載しました。こうしたメディアは、韓国大衆がどれほどの血と犠牲を払って独立と民主化を勝ち取ったのかという真実に目を閉ざし、植民地時代に日本が「朝鮮半島を近代化した」とする誤った歴史観を広めようとしているとしか言いようがありません。

反省も報道検証もなしの日本のメディア

文政権を攻撃する日本のメディア報道は、ＧＳＯＭＩＡ破棄に続いて、文氏側近の曺国《チョグク》・前大統領府民情首席補佐官のスキャンダル報道に移行しました。曺氏は文大統領の側近中の側近で、当時、次期法務大臣に指名されていました。

ソウル中央地検特捜部が曺氏の娘の不正入学疑惑を捜査するなか、法相に就任した直後の10月14日、曺氏は突然、辞任します。曺氏は法務・検察改革をめざす文政権にとって重要な人物でした。『東京新聞』（10月16日付）は「韓国、厳しい政権運営」の見出しで「文氏の政権運営に打撃は避けられず、来春の総選挙に影響する可能性もある」と報じました。

２００９年９月に民主党への政権交代が実現する直前、東京地検は当時、民主党代表の小沢一郎氏の汚職疑惑を新聞・テレビにリークし、小沢氏を代表辞任へと追い込みました。小沢氏が政治主導を提唱し、「（検察庁を含む）霞ヶ関をぶっ壊す」と発言したことがきっかけでした。その後、汚職疑惑は頓挫《とんざ》してしまいましたが、検察庁の筋書きどおり報道しつづけたマスコミは検察庁に利用されたことへの反省も報道の検証もしないまま「検察情報にもとづいて報道しただけ」と責任逃れに徹してきました。政治的で恣意的な捜査という点では韓国も日本もさほど変わりませんし、メディアがそれに加担しているのも同じです。

当局の意のままに韓国を見下すような差別的情報や誤った歴史観を垂れ流すメディア報道に対し、視聴者や読者は「本当にそうなのか？」と立ち止まって考えることが大切です。巷に〝嫌韓〟意識が蔓延する今こそ、情報を分析し批判的に受けとめるメディア・リテラシー（メディアを読み解く能力）が求められています。

Q14

韓国メディアは日韓関係の悪化をどう報じ、何を報じていないか?

◆ 吉《キル》 倫亨《ユンヒョン》(訳・加藤圭木)

韓国のメディア状況

韓国の世論を主導するのは日刊紙です。日本では日刊紙のほかにも、『週刊文春』などの週刊誌や、『文藝春秋』、『世界』のような月刊誌も相当な影響力を有していますが、メディア環境の変化が早い韓国の週・月刊誌は、以前のような力をもっていません。したがって、韓国のメディア動向を確認するためには、主要新聞の報道内容を確認すれば十分です。

韓国には、日本よりも多い10紙あまりの全国紙があります。しかし、世論に大きな影響を与える主要なメディアは、保守の『朝鮮日報』、『中央日報』、『東亜日報』など三大紙と、進歩的な『ハンギョレ』と『京郷新聞』などの2紙です。韓国の保守紙は韓米同盟と韓米日の三角軍事協力を重視します。いわゆる「朝・中・東」と呼ばれる保守三大紙の外交・安保問題への向き合い方は、日本の主流保守を代表する『読売新聞』と似ています。しかし、保守新聞も日本軍「慰安婦」問題や強制動員被害者（日本では徴用工《ちょうようこう》と呼ばれています）問題など「歴史問題」を扱う時には、韓国人の心情を反映し、日本に批判的な報道をします。そのため、韓日葛藤が安保問題にまで影響を与えるほどに悪化すると、急激に報道方針を変え「和解」や「事態収拾」を主張するなど、右往左往する姿を見せることが少なくありません。

これに対して、韓国の進歩紙の報道姿勢は、保守に比べて一貫性があると言えます。韓国の進歩紙は外交安保問題について日本の『東京新聞』（時として、共産党の機関紙である『赤旗』）に近い視角をもっています。韓米同盟も重要ですが、南北関係改善を重視しており、韓国がうかつに韓米日三角軍事協力に加担することを警戒します。安倍政権が求めるように韓国が北朝鮮を圧迫し中国を牽制《けんせい》する姿勢をとることよりも、南北関係を強化し米国はもちろん中国とも円満な関係を維持することが韓国の国益にかなうと見ているためです。また、歴史問題でもきわめて原則論的な態度をとります。

以下では、①2018年10月30日韓国大法院《だいほういん》判決、②2019年7月1日日本政府の報復措置、③韓国政府の韓日軍事情報保護協定（GSOMIA）延長中断決定など、最近の韓日葛藤における三大重大局面で、韓国の進歩勢力を代表する『ハンギョレ』と保守を代表する『朝鮮日報』がそれぞれどのような報道姿勢をとったのか、検討してみたいと思います。この二つの新聞の報道を比較することを通じて、韓国のメディアが先の葛藤をどのように報道したのか、90％以上をカバーすることができると確信しています。

大法院判決の報道

まず、『ハンギョレ』は、日本企業・新日鉄住金が韓国人強制動員被害者5名にそれぞれ1億ウォンの損害賠償金を支給しなければならないという趣旨の大法院判決を、とても肯定的に報道しました。判決の翌日である10月31日、1面トップ記事のタイトルは「『裁判取引』で遅延された正義……徴用被害者はあの世で笑うだろうか」でした。ここでの「裁判取引」とは、この判決の外交的影響を憂慮して、朴槿恵《パククネ》前政権が大法院に圧力を加えたという「スキャンダル」のことを指します。記事はこの判決について原告の李春植《イチュンシク》氏（当時94歳）の感想を紹介したうえで、「日本の工場で経験した地獄のような労役と蔑視によって、75年続いた恨《ハン》をはらすには判決はあまりにも遅かった。高齢の徴用被害者にとって、『遅延された正義』は正義とは言えない」と述べています。そして、「日本政府とメディア、当該企業は国際司法裁判所（ＩＣＪ）提訴などに言及し、強く反発している。韓日関係など外交的波紋が予想される」と指摘するのを忘れませんでした。

『朝鮮日報』もまた「韓国の裁判所が日本企業に日帝の被害を賠償せよと判決したことは、光復から73年ぶり」のことであるとし、今回の判決の意義を整理しつつ、「この日の判決により波紋は日本企業を越えて両国の外交、歴史分野に拡大する可能性がある」と指摘しました。とくに『朝鮮日報』は、「強制徴用被害14万名……訴訟中である９６２名も続々と勝訴の可能性」という別の記事で、「（葛藤が）極端に大きくなる前に（財団をつくる方式でこの問題を解決する）政治的措置が必要だという主張もある」という指摘をしました。

しかし、「日本政府がこれを受け入れる可能性はほとんどない」という現実的な見通しを示し、記事を締めくくっていました。

輸出規制への反応

大法院判決が出されたのち、予想どおり韓日関係は行き詰まっていきました。これに反発した安倍政権は結局2019年7月1日、フッ化水素等の半導体の製造に必ず必要とされる3品目の物質の輸出管理を厳格化する「報復措置」を発表しました。これ以降、韓国では安倍政権に対する世論のきわめて大きな反発が生じ、その結果日本製品に対する広範囲な不買運動が進められました。さらに、8〜9月に日本を訪問した韓国人観光客が半分程度まで減少しました。

『朝鮮日報』は日本政府の措置が発表された翌日である7月2日、一面で「韓国産業の急所つく『日本の報復』」という記事を載せ、今回の事態を分析しました。新聞は「今回の措置は韓国企業に大きな衝撃を与えるが、日本企業にも相当な被害を与えるという分析がある」と見通しを述べたうえで、専門家の意見によりながら「(韓日が)正面からぶつかるよりも、葛藤を解決する積極的外交政策を展開することが必要だ」と注文をつけました。

これに対して『ハンギョレ』は「今月末(2019年7月末)の参議院選挙を前にした安倍晋三政権の国内政治上の目的が、強硬路線の背景にあるという評価が多い」と分析したあとに、社説では「日本は、稚拙《ちせつ》な貿易報復措置をただちに撤回せよ」と要求しました。『ハンギョレ』はこの社説で「経済報復は過去の両国関係でほとんど前例がないことであり、両国の関係をついには元に戻すことが難しいほどの対決と対立、葛藤へと向かわせるものと思われる」と憂慮《ゆうりょ》を示しました。また、「韓国政府が先日、韓日両国の企業が自発的に出資して徴用被害者たちを救済する案を提案したにもかかわらず、日本がこれをめぐる建設的な論議すら拒否したまま、一方的に極端な選択をしたことは、きわめて遺憾《いかん》である」とし、関係悪化の原因が安倍政権にあることを指摘するのを忘れませんでした。『ハンギョレ』はさらに8月7日社説で、「安倍政権に反対する日本の市民が日本国内で影響力をもつことができるように、韓国でも支持し連帯することが重要である」という市民団体の発言を紹介するなど、韓国の市民社会の動きを取り上げました。それ以外にも、メディアはソウルの中区庁が「Ｎｏ Ｊａｐａｎ」という垂れ幕を通りに設置すると、これを一斉に批判しました。

GSOMIA中断への反応

最後に、韓国政府の韓日軍事情報保護協定終了以後のメディアの反応を紹介します。保守の『朝鮮日報』は、その翌日である8月23日付1面で米国が韓国政府のこの判断に「たいへん失望」したという反応を見せたという事実を報道し、文在寅《ムンジェイン》政府を激しく非難しました。8月26日1面では、「韓日軍事情報包括保護協定破棄に続けて、北朝鮮がミサイル挑発を再開し、韓米日三角安保体制がいたるところで動揺している」と指摘しました。これは、現在の状況に対する日本メディアの認識とほとんど同じです。

これに対して『ハンギョレ』では8月23日、この措置について「日本の根拠なき貿易報復措置に対して、引き下がらないという我が政府の断固たる意志を鮮明にしたものであり、韓日関係は長期対立局面に入った」と説明しました。続けて、米国が「日本には『沈黙』しながら、韓国には『失望した』」という反応を見せているとして、これが「米国の同盟外交の素顔」であるということに言及しました。韓日葛藤が安保分野にまで拡大すると、韓国の進歩と保守の反応は明確に分かれることになったのです。

韓国に「嫌日」は存在しない

以上の内容から確認できるように、韓国メディアの韓日葛藤への見方は、一枚岩ではありません。韓国内でもこの葛藤に対しては多様な認識があり、当然、進歩と保守の意見対立が熾烈《しれつ》です。しかし、明らかなことは、植民地支配や「慰安婦」問題のような不法・非人道的問題に対して、謝罪や反省ではなく曖昧《あいまい》な態度を見せる安倍政権を非難する声は多いのですが、日本を一方的に非難する盲目的な記事は見つけがたいということです。とくに、韓国には「反日」はありますが、日本の「嫌韓」のような、日本人を日本人であるという理由で差別・排除し蔑視する「嫌日」感情は存在しません。韓国の週刊誌や月刊誌も、盲目的に日本を非難したり、嫌日感情をけしかけたりはしません。韓国には、『週刊文春』がなく、『正論』や『Ｗｉｌｌ』もなく、『夕刊フジ』も存在しません。そして、日本や安倍総理をやたらと誹謗中傷する言葉があふれる地下鉄の中吊り広告も、見つけることはできません。

topic_6

韓国特派員が見た日本のメディア

◆――金《キム》鎮《ジ》佑《ヌ》（訳・李玲実）

日本政府の一方的な主張を伝えるメディア

「もしかすると私の記事も根拠なく反日感情と韓日間の葛藤を煽《あお》ってしまっているのではないか」。近頃、記事を書く時にこのように考えることが多々あります。韓国や韓日関係に対する日本のメディアの報道を見ながら感じた疑問と批判を、自分にも向けて問いかけてみる必要があるという考えからです。

思えば2年6か月前、東京特派員として赴任した頃から、日本のメディアの報道に対して違和感を覚えていました。日本のメディアでは文在寅《ムンジェイン》政権を「従北《じゅうぼく》」（朝鮮民主主義人民共和国の社会主義に追従するという意味。おもに保守派らがリベラル派を攻撃する際に使われる）と言い、テレビのあるコメンテーターは「ろうそく革命」を「民主主義ではありえないこと」と話すなど、韓国社会に対する深みのある報道というよりは、薄っぺらな理解にもとづいて、韓国をこき下ろす報道が多かったのです。しかし、それですら「その頃のほうがマシであった」というのが、近頃の正直な気持ちです。

韓日葛藤が深まるなかで、日本政府の一方的な主張を代弁するものや、ナショナリズムに便乗した報道が目に見えて増えていきました。「自由で公正かつ無差別的な貿易」を宣言した主要20か国（G20）大阪サミットが終わるや発動された、日本の対韓輸出規制強化措置をめぐる報道を見てもそうでした。日本の措置が大法院徴用工《だいほういんちょうようこう》判決に対する報復措置であり、政治的問題に経済問題を持ち込むことで自由貿易に反するものであるという指摘が一部では報道されましたが、それは長くは続きませんでした。日本メディアは、日本の措置に対してはいつの間にか日本政府が主張するままに「輸出管理」と表現するようになりました。

韓国大法院の強制徴用賠償《ばいしょう》判決についても同様です。「国際法違反」という日本政府の一方的な主張を伝えるだけで、国際法原則にもとづいて請求権協定を解釈したという韓国大法院判決を検証する報道はほとんど見ることはできませんでした。

検証なく流される「フェイクニュース」

事実上の「フェイクニュース」も、検証なしに報道されました。一部新聞・テレビは明確な根拠を示さず韓国の輸出管理がずさんであると報道しました。日本政府や与党関係者からの情報にもとづいて、サリンガスやＶＸのような生物化学武器製造に転用可能な戦略物資が北朝鮮に輸出された可能性について報道しました。また、北朝鮮が金《キム》正男《ジョンナム》（金正恩《キムジョンウン》国務委員長の異母兄）を暗殺した際にＶＸが使用されたと説明しながら、事件当時の刺激的なシーンを報道しました。テレビのワイドショーはこのような内容を反復して扱いました。日本政府・与党と一部メディアがやりとりしながら、韓国を「安保問題国」へと仕立てあげていったのです。日本政府は、のちに「北朝鮮輸出説」は述べたことがないと一歩引きましたが、すでにねらっていた効果は十分に得られた状態でした。

このような強引な主張が、「新聞・放送↓ワイドショー↓雑誌↓インターネットポータルサイト」という経路をたどって拡大していきました。

客観性のない報道

日本の雑誌の嫌韓記事については今さら言うまでもありませんが、最近では過熱競争状態となっています。嫌韓の煽動者たちは、歪曲《わいきょく》・捏造《ねつぞう》された文章を記事や寄稿というかたちで世に送り出しました。小学館が発刊した『週刊ポスト』（２０１９年９月13日号）は、「韓国なんて要らない」というタイトルの「嫌韓」特集記事を掲載し、物議を醸《かも》しました。

テレビのワイドショーも連日、韓国関連の論難を過度に放送しました。曺国《チョグク》法務長官候補に対する国会聴聞会《ちょうもんかい》が行われた２０１９年９月６日には、民営放送4社は午前から午後まで聴聞会のニュースを随時報道しました。

問題は、韓国に対する偏見をもったいわゆる「コメンテーター」による客観的事実にもとづかない主観や印象による批評や、韓国に対する嫌悪感情を助長させる内容が余すところなく報じられたことです。コメンテーターとして登場する「専門家」たちは、韓国に対して冷笑的であり、揶《や》揄《ゆ》が混じった言葉を述べたりする人がほとんどです。韓国政府や国民に対して「反日だ」「幼稚だ」などの言葉で非難するのです。「韓国人は感情的だから何をするかわからない」などのヘイトスピーチもためらわずに行います。武《たけ》田《だ》邦彦《くにひこ》中部大学特任教授は、ＴＢＳ系列のＣＢＳテレビの「ゴゴスマ」で、「日本男子も韓国女性が入ってきたら暴行しなけりゃいかん」と主張しました。曺国候補者を「玉ねぎ男」、彼の大学同期である羅卿瑗《ナギョンウォン》自由韓国党院内代表を「氷姫」と描写しながら、ドラマのなかの対決のように描写するのにはあきれてしまいます。

　コメンテーターとして頻繁に登場する武藤正敏《むとうまさとし》元駐韓日本大使も公平性を欠いていました。彼は「文大統領の支持層は、みな過激派である」、「韓国は裁判官にもとても左翼色の強い人が多い」と言いました。しかし、武藤元大使が２０１３～17年に強制徴用裁判の被告人である三菱重工業の顧問をしていた「利害当事者」であるという重要な情報は抜け落ちていました。

日本内部の問題を隠蔽する韓国報道

　韓国に対する過熱報道が、日本内部の問題を覆《おお》い隠す役割をするのではないかという考えまでが浮かびます。日本メディアは曺国候補者の疑惑に大きな時間を割きながらも、自民党衆議院議員である上野宏史《うえのひろし》政務官の外国人労働者滞留資格申請と関連した金銭要求疑惑については大きく取り上げませんでした。また、２０１９年9月9日、台風15号が日本の千葉地域を襲い、2週間以上数万戸の世帯が停電などの被害を受けました。日本メディアは、初動対応が遅かったと日本政府と自治体を連日批判しましたが、反韓・嫌韓の内容で電波と紙面を埋めつくすのではなく、この問題をより詳細に報道する必要があったのではないでしょうか。

「韓国叩き」が売れる

　日本のメディアは、結局のところ視聴率や部数さえあげれば、何であれ問題ないという風潮のように思われます。一定数が確保されている嫌韓層の好みに合うように、報道・制作が行われているのではないかと疑いをもってしまいます。

「最近、何がよく売れるんだい?」「もちろん韓国叩きでしょ」。筆者が偶然聞いてしまったメディア関係者と思われる人たちの会話の内容です。ある民営放送の記者は「別に関連がない記事にも曺国の話を入れろという指示を受けた」と打ち明けてくれました。自ら信頼を損ねる行為を繰り返しているメディアの現在の状況です。このような流れには、安倍政権下で際立ってきた歴史修正主義と右傾化の動向が作用していることも考えなければならないでしょう。韓国に対する「上から目線」に、最近の「謝罪疲れ」まで加わり、反韓、嫌韓感情が増幅しており、メディアも気兼ねなく、あるいは忖度《そんたく》しながら「韓国叩き」をしているのではないでしょうか。

ジャーナリズムの本分

韓国の全国言論労働組合と日本マスコミ文化情報労組会議は、2019年9月28日「韓日両国メディア労働者共同宣言」を発表しました。そこでは「排外的な言説や偏《へん》狭《きょう》なナショナリズムが幅をきかせ、市民のかけがえのない人権や、平和、友好関係が踏みにじられることがあってはならない」とし、「いまこそ、こつこつと積み上げた事実を正しく、自由に報道していくという私たちメディア労働者の本分が問われている」と述べています。そして、

一、我々は今後、あらゆる報道で事実を追求するジャーナリズムの本分を守り、平和と人権が尊重される社会を目指す。

一、平和や人権が踏みにじられた過去の過ちを繰り返すことがないよう、ナショナリズムを助長する報道には加担しない。

と宣言しました。韓日の報道にかかわる者は、みな繰り返し心に刻むべき言葉です。

topic_7

韓国・市民によるメディア監視（モニタリング）

◆――岡本有佳

李明博《イミョンバク》・朴《パク》槿《ク》恵《ネ》政権の9年におよぶ公共放送の掌握《しょうあく》に対して、放送人がいかに抵抗したのかを描いた韓国ドキュメンタリー映画『共犯者たち』は日本でもヒットし、今も各地での上映会が続いています。

この闘いを支えたことの一つが市民運動との連帯です。その中心が「民主言論市民連合」（以下、民言連）でした。民言連は、朴正熙《パクチョンヒ》や全斗煥《チョンドゥファン》時代に解雇された言論人たちが言論民主化を掲げて１９８４年に設立し、以後三十数年間、新聞・放送など言論権力のモニタリング（監視）活動を続け、メディアも一目を置く存在です。会員は現在約７０００名。約10名のスタッフとボランティア、会費収入月７０００万ウォン（約７００万円）で運営しています。

活動の中心は１９９０年頃から始めた「モニタリング」で、放送7社（ＫＢＳ、ＭＢＣ、ＳＢＳ、ＪＴＢＣ、ＴＶ朝鮮、ジャーナルＡ、ＭＢＡ）、新聞6社（朝鮮日報、東亜日報、中央日報、ハンギョレ、京郷新聞、韓国日報）を対象としています。放送ではおもに夜のニュースを正確に監視、芸能ニュースなどは問題が起こったときに対応する。とくに力を入れているのが「選挙報道」です。民主主義社会のためには選挙で投票することが重要であり、そのための情報源としてのメディアの監視が不可欠だからです。

さらに興味深いのは「時事トーク番組」の監視モニタリングです（予算と人員、時局などによって期間を区切って行われる）。総合編集4社（ＴＶ朝鮮、ジャーナルＡ、ＭＢＮ、ＪＴＢＣ）、報道専門2社（ＹＴＮ、聯合ニュース）、32の時事トーク番組モニタリングをし、結果を公開しています。

キム・オンギョン事務局長は、「私たちがもっとも指摘しているのは、対話の水準の低さです。時事トークショーならば、時事問題をわかって語らなければならないのに、ニュースに流れた問題をすぐに扱う。これでは専門家であっても、その問題について調べ、適切な発言はできない。だから（出演者は）想像でものを言うことになり、深い討論どころか、社会の討論の水準を下げていく。昼過ぎから夕飯時までずっと放映しているので、年配の人たちへの影響力は無視できません」と語ります。

日本では、ワイドショーがまともな取材をしないだけでなく、メディア批評・研究の対象にもなっていません。「時事トーク番組」の監視はぜひとも必要でしょう。

監視モニタリングの最大の使命は、「言論の現状を市民に知らせること」だと言います。報告書はもちろん、月刊誌、webマガジン、年間白書のほか、YouTubeなどネット上でその結果を公開しています。

現在、ハンギョレテレビやCBSラジオで民言連が担当するメディア批評のコーナーがあります。いかに報道が偏向しているかをモニタリングをもとに解説しているのです。キム事務局長は最近では、韓国の公共放送KBSで10年ぶりに復活したメディア批評番組〈ジャーナリズム トークショーJ〉のレギュラーパネラーも務めています。

もう一つ、注目したい活動は市民メディア教育です。1991年に一般市民対象の「言論学校」を始めましたが、最近はこの講座が必要ないほど市民たちの言論に対する意識は高いそうです。そのため問題別の単発の講座が主流となっています。

受講生の関心を集めているのが、ジャーナリストをめざす若者向けの「チャム（真の）言論アカデミー」で、技術ではなく、真のジャーナリズムとは何かを教えています。週に1回で6か月。「モニタリング教室」や「文章講座」なども人気があります。講師はおもに記者たちです。

さらにオルタナティブメディアを育てることも課題としています。この9年でインターネットのポッドキャストで動画などを公開する人たちが急増し、若い層を中心に影響力をもつようになっているからです。

キム事務局長は、メディアの独立性と公平性を守っていくために必要なのがメディア批評だと強調します。「新聞が放送を、放送が新聞を互いに批評すること、または各新聞社別、放送局ごとに相互批評すること――こうしたメディア間の相互批評が必要です。これは、私たちメディア消費者にとって切実なアイテムなのです」。
＊「モニタリング教室」のレポートは『放送レポート』（メディア総合研究所）に近々掲載予定。

PART－5

解決への道はあるのか？

2019年，第18回東アジア青少年歴史体験キャンプ（提供：日本実行委員会）

Q15 「戦後生まれ」が責任を問われるのはなぜか？

加藤圭木

「日本政府・社会を変えていく」という責任

「どうして過去のことを、当時生まれてもいなかった自分が問われなければならないのか」。多くの日本人が感じている疑問です。どのように考えたらいいでしょうか。本書で指摘されてきたように、1945年以降、日本は植民地支配の加害の責任と向き合わず、被害者の尊厳の回復のための措置をとってきませんでした。それどころか、自らの加害責任を否定し、自らの行為を正当化する主張を繰り返してきました。被害者たちは、二重三重にも傷つけられてきたのです。そして、現在も日本政府や日本社会は、朝鮮半島の側を非難し、自己正当化しています。加害行為が決して過去のものになっておらず、現在進行形なのです。

徐京植《ソキョンシク》さんは、「戦後世代の日本人といえども、現在日々刻々犯されつつある日本の国家犯罪の共犯者になることはありうる。たとえば被害者が年老いて死んでゆくのを見ながら公式謝罪と個人補償を拒み続けることも国家による犯罪のひとつだ」と述べています(徐『半難民の位置から』)。

現在の日本政府・社会をつくりあげているのは、日本人一人ひとりです。日本政府・社会が問題を抱えているのであれば、日本人はそれと向き合う責任があると言えるでしょう。

テッサ・モーリス・スズキさんは、加害責任について「連累《れんるい》」という概念を用いて、次のように述べています。

> 1980年代にイギリスからオーストラリアに移住したわたしは、オーストラリア先住民・アボリジニに対して過去におこなわれた収奪と虐殺などの悪行と、そういった悪行をおこなった国に出自をもち、かつオーストラリアに現住する自分との関係を考察して、わたしには「罪」はないかもしれないが「連累(implication)」がある、と結論した。
>
> 「連累」とは、次のような状態を意味する。
>
> わたしは直接に土地を収奪しなかったかもしれないが、その盗まれた土地の上に住む。わたしはアボリジニの虐殺を直接おこなわなかったかもしれないが、その虐殺の記憶を抹殺する、あるいは風化させるプロセスに関与する。わたしはアボリジニを具体的に迫害・差別しなかったかもしれないが、正当な対応がなされていない過去の迫害・差別によって成立した社会で生活し、受益している。(中略)

日本の若い世代は、先行世代がおこなってきた悪行の数々に直接的な「責任」を負わない。しかし、その悪行の数々を隠蔽し風化し書き換えるプロセスに関与する、あるいはそのプロセスを黙認するようであれば、そこに「責任」が生じる、とわたしは考える（テッサ・モーリス・スズキ「謝罪は誰に向かって、何のために行うのか？」）。

戦後生まれの日本人に問われているのは、侵略戦争や植民地支配の直接的な罪ではありません。そうした行為を引き起こし、現在も加害を続ける日本政府・社会を変えていく責任です。日本を真の意味で人権が尊重される社会にするために、実践していくことが求められているのです。

北海道大学で見つかった遺骨

こうした問題を考える材料として、一つのエピソードを紹介しましょう（井上『明治日本の植民地支配』）。

１９９５年７月、北海道大学の古河講堂から、新聞紙にくるまれて、段ボール箱に入れられた頭蓋骨が見つかりました。その一体は、１８９４年の日清戦争の時に日本軍が殺害した朝鮮の農民軍のリーダーの骨でした。その遺骨が日本の朝鮮侵略の過程で日本に持ち込まれ、北大の前身である札幌農学校に所蔵されたのです。

札幌農学校では「植民学」と呼ばれる植民地支配を理論的・実践的に支える学問が盛んに行われていまし

た。その「学問」の一環として、朝鮮人の遺骨を使用して研究が行われたと考えられます。そして、戦後もそのまま遺骨は放置されたわけです。

人間の遺骨をそのように粗末に扱うことは、あってはならないことです。それも大学という公の機関が、そのような行為をしていたということはたいへん衝撃的なことです。一人の人間の尊厳を踏みにじる行為であると言えます。

遺骨が発見されて以降、古河講堂を管理していた北大文学部はこの問題と向き合っていきました。遺骨はなぜ、どのように朝鮮から北大に持ち込まれたのか、その責任はどこにあるのか、この遺骨はだれのものなのか。徹底した調査が行われました。そのうえで、１９９６年に韓国に遺骨を奉還し、その際に北大文学部として謝罪しました。

この時の文学部の構成員たちは、言うまでもなく、札幌農学校時代の教員ではありません。しかし、当時の文学部の構成員たちは、この問題を放置するわけにはいかないと考えました。なぜなら、自らが所属する組織が重大な過《あやま》ちを犯しているにもかかわらず、それについて何ら事実がわかっておらず、１００年以上問題とされていなかったからです。そして、人間の尊厳に対する冒瀆《ぼうとく》が現在進行形で行われていたからであり、それに加担するわけにはいかなかったからです。また、こうした問題と誠実に向き合うことは、新たな人権侵害を引き起こさない大学をつくりあげていくという課題とも、密接に関係していたと言えるでしょう。こうした北大文学部の実践は、責任との向き合い方に大いに示唆を与えてくれます。

歴史を「知らない」ということ

「どうして過去にこだわるのだろう」。

「前向きに未来を考えていけばいいのに」。

植民地支配の歴史について韓国人や在日朝鮮人が話した際に、日本人の多くが示す反応です。

まず、在日朝鮮人にとって、植民地支配の歴史がどのように関係しているのかを述べておきましょう。在日朝鮮人は、なぜ日本にいるのでしょうか。これは、日本の植民地支配のことを学ばなければ理解できません。朝鮮植民地支配のもと、収奪が行われたことによって（Q９参照）、貧困状態に追い込まれた朝鮮人のなかには、生活のためにやむをえず日本に渡ってきた人びとがいました。こうした人びととその子孫が在日朝鮮人です。在日朝鮮人は、日本による強制的な植民地支配がなければ、日本に渡ってくることはなかったのです。

韓国の人びとにとっても、植民地支配の問題は決して過去の問題とは言えません。韓国で解放後長らく続いた独裁政権を支えた人びとは、植民地支配のなかで日本側に協力した「親日派」と呼ばれる人びとやその系譜をひく人びとでした（ｔｏｐｉｃ５参照）。今もこうした過去清算は、真の意味での民主化を実現するうえで重要な課題となっています。

日本人にとっては、植民地支配の歴史を知る必然性を感じられる機会は多くないでしょう。しかし、在日朝鮮人や韓国人が歴史を問う時、その背景には切実な問題意識があるのです。

考えてみるべきことは、「なぜ日本人は過去を簡単に無視できるのか」ということです。日本人は歴史を考えなくても生きていける特権的な位置にいるからではないでしょうか。植民地支配の歴史を知らなくても済むのは、それによって自らの尊厳が脅《おびや》かされることはないからです。

忘れてはならないのは、植民地支配の歴史は「朝鮮の歴史」でもありますが、ほかでもない「日本の歴史」でもあるということです。朝鮮植民地支配は、日本人が属している国家・社会が引き起こした問題なのです。本来であれば日本人こそが真剣に考えなければならない問題です。

自らの意識のなかに

以上で書いたことは、私自身にとっても非常に重い問題です。私は、大学に入るまで、自分は民主主義の問題に関心があり、人権問題についてもきちんと考えている人間だと自任していました。しかし、大学に入ってから、韓国人や在日朝鮮人の友人たちに出会い、そこで自分が朝鮮植民地支配や在日朝鮮人の歴史をほとんど知らずに、人権などの問題を考えていたことに気づかされました。本当の意味で日本社会を人権が尊重される社会にしようとするならば、朝鮮と日本の歴史問題は必ず向き合わなければならないことです。朝鮮侵略の歴史を十分に知らなかったがゆえに、韓国人や在日朝鮮人を傷つける発言をしてしまったこともあったのではないかと思います。

「知らない」ということは、他者を傷つけるかもしれない行為なのだと私は初めて気づきました。自分のなかに、朝鮮侵略の歴史を軽視する意識が巣くっていたということを感じました。

多くの日本人は歴史教育でたしかに加害事実をあまり教えられていませんし、マスメディアでも加害の実態は取り上げられません。しかし、だからと言って、そのまま何も知ろうとせずに過ごしたのでは、結局、不正義がまかりとおる社会が温存されることになってしまいます。

「歴史なんて関係ない」と日本人が主張することは本人の意図がどうであったとしても、日本の加害責任を無視し、植民地支配が刻んだ矛盾を放置することを「選択」する行為なのです。

参考文献

井上勝生『明治日本の植民地支配──北海道から朝鮮へ』岩波書店、2013年
加藤圭木「日本の朝鮮侵略史と朝鮮人の主体性」東京歴史科学研究会編『歴史を学ぶ人々のために──現在をどう生きるか』岩波書店、2017年
加藤圭木「朝鮮・日本の歴史認識と市民的協働──『韓国併合』一〇〇年の日韓の運動から」菅豊・北條勝貴『パブリック・ヒストリー入門──開かれた歴史学への挑戦』勉誠出版、2019年
梶村秀樹『排外主義克服のための朝鮮史』平凡社ライブラリー、2014年
徐京植『分断を生きる──「在日」を超えて』影書房、1997年
徐京植『半難民の位置から──戦後責任論争と在日朝鮮人』影書房、2002年
高橋哲哉『戦後責任論』講談社学術文庫、2005年

テッサ・モーリス＝スズキ「謝罪は誰に向かって、何のために行うのか？」山口智美ほか編『海を渡る「慰安婦」問題——右派の「歴史戦」を問う』岩波書店、２０１６年
テッサ・モーリス＝スズキ『批判的想像力のために——グローバル化時代の日本』平凡社ライブラリー、２０１３年

topic_8

朝鮮民主主義人民共和国で出会った人びと

◆――加藤圭木

日本人という存在

2016年9月と19年5月の2度にわたり、私は朝鮮民主主義人民共和国を訪問しました（以下では、同国を「共和国」と呼びます）。植民地支配の責任については、韓国との関係だけではなく、共和国との関係からも考えなければなりません。ここでは、共和国訪問の体験から、植民地支配の歴史との向き合い方について述べたいと思います。

まず、2019年の訪問について紹介します。この時は首都・平壌《ピョンヤン》に加え、東北部の咸鏡《ハムギョン》北道を訪問しました。咸鏡北道では、同道の人民委員会の方が2人、案内についてくれたのですが、日本人と話をするのはほぼ初めてだということでした。平壌などは日本人が比較的多く来ているので、平壌で案内してくれた方々は日本人と接する機会も少なくないのですが、咸鏡北道はそうではありません。

咸鏡北道での滞在は4日ほどでした。途中、一緒にお酒を飲んだり、共和国の歌を教えてもらったりするなかで、だんだん人民委員会の人たちと打ち解けていきました。そして、最終日の夜、2人は私の記憶では、次のように話してくれました。

「私は最初日本人を案内しなければならないことになり、どうしてそんなことをしなければいけないのか、と思いました。家族もいい印象をもっていませんでしたし、家族にどう説明したらいいのかもわかりませんでした。しかし、みなさんと話すなかで、朝鮮のことを理解しようとしてくれている方々だとわかって、とてもうれしく思います」。

「私も率直に言って不信感があったし、今もすべてなくなったわけではありませんが、最初に比べたら少しみなさんのことが理解できました。しかし、私が普段交流している在日朝鮮人の方々と比べたら、やはり日本人のみなさんとの間にはまだまだ距離があるように思います」。

私は、共和国の人びとと日本人である私の間にある断絶

平壌の風景（撮影：加藤圭木）

の深さを痛感させられました。ともに過ごすなかで多少距離が近づいたとしても、溝は決して埋まらないのです。

共和国は日本の植民地支配と闘った人びとが、解放後につくりあげた国家です。本来、日本は植民地支配を真摯《しんし》に反省し、謝罪し、賠償することによって、共和国との間であらたな関係を築き上げなければなりませんでした。しかし、それはなされておらず、現在も国交がありません。それどころか、日本政府や日本社会は植民地支配は悪いことばかりではなかった、正当なものだったと主張しているわけです。また、日本政府は共和国を敵視し、準軍事的措置である経済制裁を長年継続しています。以上の日本側の政策は、両国の民間交流をもさまたげてきましたし、何より祖国を訪問しようとする在日朝鮮人を圧迫してきました。

そうした点をふまえれば、咸鏡北道にやってきた私たち日本人グループと、容易にわかりあうことなどできないわけです。私は植民地支配を正当化しつづけている日本という国に属している人間であることを、あらためて強く感じさせられました。共和国の人びとと本当の意味で信頼関係をつくっていくためには、歴史を学びつつ、日本の現状を変えていくほかないのです。

植民地支配の歴史や政治を語る人びと

2016年の訪問の際は、平壌・開城《ケソン》に加え、金剛山《クムガンサン》という風光明媚《ふうこうめいび》な山を訪れ、往復4時間ほどの登山を体験しました。その時に、朝鮮語ができる日本人は私だけだったので、現地の登山ガイドの方と往復の時間たっぷり話をすることができました。さまざまな話をしたのですが、日本の政治についても詳細に知っていたことが、私にとっては新鮮な体験でした。安倍政権の現状や、日本の国家ぐるみの歴史歪曲《わいきょく》、さらには日本の軍事大国化についても話をしてくれました。また、日本軍性奴隷制度（日本軍「慰安婦」制度）に関連して、日本政府が韓国の《平和の少女像》を撤去するよう要求していることについても、とんでもないことであると話していました。

金剛山（撮影：加藤圭木）

また、2019年咸鏡北道訪問の話に戻りますが、この時は日本軍の第19師団の司令部がかつて置かれていた羅南《ラナム》という地域を訪れ、女性たちが性奴隷状態を強制された建物を見学することができました。そこでは、階級教養館の研究員の方が詳細な説明をしてくれました。その際に印象に残ったのは、2018年に台湾に設置された《平和の少女像》を日本人が蹴りつけた事件など、国際社会の日本軍「慰安婦」問題に関する動きについて、批判をされていたことでした。また、東京で開催された「日本軍性奴隷制を裁く2000年女性国際戦犯法廷」に共和国が参加したことや、その「法廷」の意義を語っていたことにも感銘を受けました。共和国における日本軍性奴隷制の責任を追及する運動が、国際社会の動きを意識していることが感じられました。さらに、この時、近くに住むおばあさんが出てきて、「日本人にどうしても話したいことがある。1分でいいから、聞いてほしい」と、侵略の歴史を語ってくれました。忘れられない体験です。

先に紹介した咸鏡北道人民委員会の方々も、あちこちで植民地支配の被害の記憶を語ってくれました。植民地期にたくさんの人が強制労働させられたという現場も、紹介してもらいました。また、鏡城《キョンソン》という地域の温泉にいった際には、日本軍がかつてこの温泉を占領し、日本軍専用のクラブをつくっていたことや、朝鮮人は利用できなかったという話を聞きました。漁村に行った時には、日本人の収奪によって漁民たちの生活が苦しくなったという話も聞きました。これら一つひとつのエピソードについて、私たち日本人の歴史研究者の側は十分に解明できているとは言えませんし、知らないことがたくさんあります。

以上で述べた話はごく一部にすぎません。日本社会では共和国の人びとに対して、メディアの報道の影響もあって偏見が広がっています。共和国に生きている人びとの顔がほとんど見えていないように思います。私が共和国で出会った人びとは、一人ひとり個性豊かで、とても魅力的な方々ばかりです。そして、みな政治や社会、歴史の問題を真摯《しんし》に考え、私にさまざまな問題提起をしてくれました。共和国での経験が印象深く記憶に残るのは、そうした人びととの出会いがあったからにほかなりません。

日本社会は、共和国の人びととまだほとんど向き合うことができていません。歴史の問題についても、共和国の人びとの告発を受けとめなければなりません。埋もれている被害の歴史を一つひとつ掘り起こし、真相を明らかにしていくという作業がどうしても必要です。これらは今後の重大な課題です。

参考文献

内海愛子・中野晃一・李泳采・鄭栄桓『いま、朝鮮半島は何を問いかけるのか』彩流社、２０１９年

Q16

植民地支配の責任にどう向き合うのか？

梁《ヤン》　澄子《チンジャ》

被害者の経験と思いを知る

Q15で戦後生まれの責任について考察しました。この考え方に共感できたとして、ではどのようにその「責任」を果たせばいいのか、果たすことができるのか。難しい問いですが、まずは知ることから始まると思います。そのような意味で、本書を読んだみなさんはその第一歩を踏み出したと言えるでしょう。とりわけ被害者たちが経験した事実と、その思いを知ることが重要です。強制労働を強いられた人びとや日本軍の「慰安婦」にされた人びとがどのような経験をしたのか、どのような思いを抱えてきたのかをまず知ること、知った先に、責任との向き合い方が見えてくるはずです。

「植民地支配は合法だった」「二国間協議で法的には解決済み」「日本は韓国に何度も謝罪した」といった、「人」を度外視した言説に惑《まど》わされないためにも、被害者一人ひとりを想像できるための知識がまず必要です。それがあれば、１９６５年の日韓請求権協定も、２０１５年の日本軍「慰安婦」に関する日韓「合意」も、被害の内実に見合った措置ではなく、被害者の思いを汲《く》んだ解決策でもなかったことがわかるはずです。

では、被害者の思いを汲んだ解決策とはどのようなものでしょうか。

２０１４年６月に発表された「日本政府への提言」(http://www.restoringhonor1000.info/search/label/%E8%B3%87%E6%96%99%E5%BA%AB、２０１９年10月20日閲覧)がそのヒントになるでしょう。これは、日本軍「慰安婦」問題の解決に向けて日韓両政府の話し合いが進められているさなかに、８か国の被害者と支援者が集まって作成し、日本政府に提出したものです。被害者の要求を無視した解決策が提示されたら再び混乱がもたらされるという切実な思いから、被害者たちの意見を聞きながら作成したものでしたが、結局、日韓両政府はこれを無視して国家間で「最終的・不可逆的解決」を一方的に唱ってしまいました。その結果、皮肉なことに再び「解決」は遠のいてしまったのです。

実は、この「提言」が第一に強調していたものこそ「事実を認めること」でした。韓国だけでなく、インドネシアや東ティモールなど各国の被害者たちが真っ先にあげたのが、日本政府による「事実認定」だったからです。被害者たちは、加害国政府が事実をどのように認識しているのか、それを明確にしたうえで、その事実にもとづいた公式謝罪と賠償をしてほしい、そして二度と同じことが起きないように真相究明と教育を続けてほしいと訴えました。これまで日本政府の「謝罪」が「お詫びと反省の意」というまったく同じ表現の繰り返しであったこと、そしてそのフレーズが発せられたあとで政治家らが事実を否認する発言をして被害者たちを傷つけてきたことをふまえて、まずは日本政府が事実を正面から、具体的に認めること、それを日本国民が共有するよう努力することが重要で、それが真の謝罪につながると説いたのです。

第二次世界大戦後のドイツ

これには第二次世界大戦後のドイツ政府の言動がモデルになりました。たとえば２００９年６月、イタリアのチヴィテッラ村における住民虐殺65周年式典に出席したドイツ大使は長文の挨拶を述べていますが、そのほとんどすべてが事実を述べる内容でした。つまり、「事実は周知のことである。（中略）無防備の市民を捕まえて殴り殺し、銃殺し、家もろともに焼却した。犠牲者の数ははっきりとは分からないが、２４４人に上る。その内訳は、１１５人がここチヴィテッラ村で、58人がコルニアで、71人がサン・パンクラツィオで」というふうに、チヴィテッラ村でナチスが何をしたのかを現ドイツ政府は具体的に認識しています、という表明だったのです。このような加害事実を具体的に述べたうえで、大使は「我々ドイツ人は、罪を感じ、そして悲しみと恥じらいを感じている」と述べました（http://www.midori-lo.com/column_lawyer_103.html ２０１９年10月19日閲覧）。「謝罪」や「お詫《わ》び」という文言はどこにもありません。しかし、事実を具体的に認識し、それを恥じているという要人の言葉が現地で発せられたことで被害者とその子孫たちは大きな慰めを得ています。これこそが「許し」につながる謝罪のあり方ではないでしょうか。

今年（２０１９年）８月１日にも、ポーランドで開かれた「ワルシャワ蜂起75周年」式典に出席したドイツ外相は「亡くなった方の遺族や負傷した方々をはじめ、ポーランドの人びとに許しを請うためにこの場所に来た」と述べ、「ポーランドに対してドイツ人が行ったこと、ドイツの名において行われたことを恥じている」と語りました。近年、ポーランドはドイツに対して賠償金の支払いを求めており、この日も式典後の共同記者会見でポーランド外相は「損害賠償が足りない」「不正義を感じる」と述べています。これに対しドイツは「決着済み」という立場ですが、それでも式典に出席して繰り返し加害事実に触れ、許しを乞《こ》うているのです。

日本政府がなすべきこと

翻《ひるがえ》って日本政府はどうでしょうか。今年3月1日は1919年に朝鮮の民衆が独立を求めて立ち上がった三・一運動から100年目を迎える日でした。日本政府が三・一節の式典に出席して、心をこめて加害事実について語ったとしたら、現在の日韓関係も好転のきっかけを得ていたかもしれません。ところが日本政府が今年の三・一節に発したメッセージは、「反日」デモがあるから気をつけるようにという日本国民の誤解を助長する「注意喚起」だけでした。

日本軍「慰安婦」問題について日本政府は何度も謝罪したと言いますが、今年1月に日本軍「慰安婦」被害者の金福童《キムボクトン》さんが亡くなった時にも、ソウルの日本大使館前で行われた告別式について「在韓国大使館の安寧《あんねい》を妨害、または威厳を侵害するものであれば、外交関係に関するウィーン条約の規定に照らして問題がある」と言っただけでした。そして金福童さんの追悼記事を書いた『ニューヨーク・タイムズ』に対しては「反論」まで寄せました(梁「点ではなく、線として」も参照)。

たしかに日本軍「慰安婦」問題について日本政府は「お詫びと反省」という言葉を何度も述べています。しかし、本当に日本軍「慰安婦」被害者に対し「名誉と尊厳を深く傷つけた」と「反省」しているのであれば、「大使館の安寧」を気にする前に、まずは被害者の死を悼《いた》む言葉がでるはずだと思います。

謝罪において重要なのは、「お詫びと反省」というフレーズではなく、加害事実についてどれほど認識しているのかを、心をこめて具体的に語ることです。「あなたがどうして怒っているのかよくわからないけど、傷ついたなら謝る」と言われて納得できる人がいるでしょうか。自らの加害行為に向き合い、その事実によって相手が傷つき、あるいは損害を被ったのだから、当然のこととして反省して謝る、そういう姿勢を示してこそ被害者の許しを得られるのだと思います。また、言葉だけでなく、言葉に見合った行動があって初めて、その謝罪が真実のものだと被害者から信じてもらうことができます。

責任との向き合い方

心のこもった内実のある謝罪がなされたことがないわけではありません。細川護熙《ほそかわもりひろ》首相が1993年、慶州を訪れて朝鮮植民地支配について創氏改名や日本軍「慰安婦」、徴用工《ちょうようこう》問題などの事実を具体的にあげて謝罪したことは称賛すべきことでした。「河野談話」もあります。しかし、結局はそれを維持することができませんでした。それどころか現在の安倍政権下では、事実がねじ曲げられ、あるいは正しく伝わらないよう隠蔽《いんぺい》されています。

このような状況を打ち破ることこそ、一人ひとりの責任との向き合い方、責任の果たし方だと思います。事実を知った人がそれを隣人に伝え、被害者の思いを知った人が想像力を駆使して行動していくこと。そんな小さな営みを重ねて世論を形成していくことを諦めてはいけません。そして、事実を知った人びとがつくる世論によって政府を動かすしかないと思います。また、より大きな不断の取り組みにしていくために、学校教育のなかで正しく教えられるようにする努力も同時にともなわなくてはならないでしょう。

私自身、今日まで「知ってしまった責任」に向き合おうとしてきました。ひとたび知ってしまったら、その責任から免れることは難しいということを、身をもって体験してきました。事実を知ることは苦しいことでもありますが、その責任を果たそうとする営みは甲斐あるものでもあるはずです。そして、歴史を語り継ぐ作業は、結局、私たち自身の自由と平和を守ることにもつながることを忘れないでほしいと思います。

参考文献
日本軍「慰安婦」問題解決全国行動パンフレット『「日韓合意」は解決ではない』日本軍「慰安婦」問題解決全国行動、２０１８年
梁澄子「点ではなく、線として」『世界』２０１９年10月
テッサ・モーリスス＝スズキ「謝罪は誰に向かって、何のために行うのか？」山口智美ほか著『海を渡る「慰安婦」問題　右派の「歴史戦」を問う』岩波書店、２０１６年

topic_9

日韓交流がつくる未来

「#好きです韓国」から見えた無自覚の偏見と日韓連帯の鍵

◆――阿部あやな

歴史も政治も知らない私たち

2019年9月。今日もテレビの報道番組では日韓対立に関するニュースが流れ、インターネット上では相変わらず「嫌韓」意識を煽《あお》る差別的な発言が吹き荒れています。あいちトリエンナーレ〈表現の不自由展・その後〉展示中止や小学館『週刊ポスト』の「韓国なんて要らない」特集に抗議した在日コリアンの友人たちのツイッターのコメント欄には「日本から出て行け」というリプライが数え切れないほど投稿されていました。

一方で、日本人の友人との会話では、日韓の話題に触れたがらない人が多く、「難しい問題だよね」「よくわからない」の一言で片づけられてしまいがちです。今年の初めに、韓国旅行の計画について親に話した時は「何でよりによって韓国なのか」と怪訝《けげん》そうな面持《おもも》ちで問われ、「歴史も政治も知らずに勝手なことを言わないで」と声を荒らげてしまったこともありました。自覚的・無自覚的な違いこそあれど、「嫌韓」意識が自分の身近なところまで深く根づいていることを日々実感しています。

今回、「日韓交流がつくる未来」というテーマで寄稿の依頼をいただきましたが、私が韓国の歴史や文化に関心をもって活動を始めたのは、今年に入ってからのこと。実は韓国に行ったことも一度しかありません。3月下旬に、「希望のたね基金」が運営するキボタネ若者ツアーの参加者として渡韓したのが最初です。

キボタネ若者ツアーとは、日本軍「慰安婦」問題をテーマにした18～29歳の日本の若者が対象のスタディツアー。「戦争と女性の人権博物館」や「正義記憶連帯」、「植民地歴史博物館」などを訪問し、日本の学校教育やメディアの報道では知ることのできない日本軍性奴隷制問題の歴史を学ぶプログラムとなっています。そこで初めて「慰安婦」問題と向き合うことになった私は、自分の無知さを思い知らされると同時に、この問題を解決するためには、自分を取り巻く社会の常識がひっくり返る必要があることに気づき、衝撃を覚えました。日本社会が歴史的事実を〝なかったこと〟にしようとしていること、被害者たちの存在や支援者の声を排除しようとしていること、そして無知がそれを助長させる危険な姿勢であることなど、あらためて自分自身に問い返す機会となりました。

ソウル「戦争と女性の人権博物館」（撮影：阿部あやな）

　なので、私が韓国について、日本と韓国の関係について話せることはまだすごく少ないです。それでも日本に帰ってきてからは、毎日韓国に関する話題を調べて学び、今は希望のたね基金の運営スタッフとして日韓交流プロジェクトのお手伝いをしています。

ツイッターで物議を醸す「#好きです韓国」

最近の動きでとくに気になったことと言えば、7月下旬からツイッターで拡まった「#좋아요_한국（好きです韓国）」というハッシュタグです。これは日本人ユーザーが韓国の好きなところや韓国旅行での思い出などをツイートするもので、「政治的対立があっても民間同士の交流は続けよう」という思いが込められています。さらに、このハッシュタグへのお返しとして韓国人ユーザーが「#좋아요_일본（好きです日本）」というタグをつくり、双方の民間交流のアピールは加速しました。ツイートを見ると、とくに若い世代のユーザーの間で流行していて、アイドルやグルメの話題が活発に投稿されつづけています。

　しかし、「#好きです韓国」が盛り上がるにつれて、否定的な意見も多く目にするようになりました。それは、「歴史を知らずに、好きというだけで韓国を語るべきではない」というもの。まっとうな意見であるのは理解しながらも、手放しで賛成できない自分がいました。「#好きです韓国」をただ否定することは、純粋に韓国文化を愛する人たちの口をふさぐだけではないかと思ったのです。日本と韓国の友好を願うという同じ目標を見ている人たちを否定して何が残るでしょうか。歴史的知識が乏しかったとしても、現状に対して声をあげはじめた彼ら彼女らこそ日韓連帯の鍵になるのだ、とつね日頃から考えていたためです。そんな「#好きです韓国」が物議を醸《かも》す一方で、「#嫌いです韓国」という醜悪《しゅうあく》なハッシュタグも生まれ、ツイッターは混沌《こんとん》とする日韓関係をさらに荒廃的に映し出しました。

自分のなかに根づく「好きと嫌いの物差し」

9月17日付の『朝日新聞』の記事「韓国『嫌い』、年代上がるほど多い傾向　朝日世論調査」で発表した世論調査によると、韓国を「好き」と答えた人は13%、「嫌い」が29%、「どちらでもない」が56%という結果だったそうです。この記事を見た時、そもそも一つの国に対して「好きか、嫌いか」というアンケートが成立すること自体が異常で、相手を対等に見ていない差別的な行為だと感じました。こんな調査が実施され、報道される世の中であることが恥ずべき状態であるのは間違いないでしょう。眉をひそめながら調査結果を確認すると、世代別の結果では、「嫌い」と答えた人は高年齢層に多い傾向で、70歳以上は41%が「嫌い」と回答していました。冒頭にも書いたとおり、テレビなどのマスメディアで報じられる韓国関連のニュースは、ネガティブな面が切り出されるケースが多いのが現状です。そんな偏向報道を続けるマスメディアから日々の情報を得ている人たちのなかには、「嫌韓」意識がしっかり植えつけられているという結果を如実《にょじつ》に示していました。さらに、「どちらでもない」と回答した無関心層の多さについても、日々実感していることなので驚きはしませんが、こうして数値化されるとやはり脱力感におそわれました。

この調査結果に辟易《へきえき》としながらも、頭をよぎったのはハッシュタグ「#好きです韓国」のことでした。そう、「好きか、嫌いか」で語るべきことではないのです。「嫌い」にフォーカスした世論調査の記事を読んだ時はすぐにおかしいと思えたのに、「好き」というハッシュタグを見た時には正常な判断ができなかったことに気づきました。確かに、「好きというだけで韓国を語るべきではない」という意見を最初に見た時は、私自身、手放しで賛成できないと思ったのは事実です。そう思ったこと自体、自分のなかに根づく「好きと嫌いの物差し」で韓国という国をとらえていたということなのだと、恥ずかしさがこみ上げてきました。自分の考えが偏ったものだったこと、問われ方が異なった時になって初めてその偏りが見えてきたという事実に、恐ろしさも覚えます。私もまた無自覚に差別に加担する巨大な社会構造の一部であることを再認識したのでした。

「#好きです韓国」と言う前にやるべきこと

日本社会において、日常会話のなかで政治や社会問題について「語りづらさ」があるのは、多くの人が感じていることだと思います。それでも、近年はSNSの発達などによって情報収集や発信がしやすくなり、議論が起こりやすい環境が育まれているのも事実。そんななかで若者を中心に「#好きです韓国」のハッシュタグを使った発信が盛り上がったこと、タグに関する議論が行われたことはとても価値があると言えます。そして、このハッシュタグが意図するように、政治的対立が激しい今こそ日韓の民間交流を活発に行うべきなのも間違いありません。

もっとも重要なのは、「政治的、歴史的には問題があるけれど、好きだから関係ない」とだけ主張するのではなく、大日本帝国時代の植民地支配の歴史、加えて現代まで続く、日本社会の暴力的な排外主義・差別主義の問題に向き合うこと。韓国の人びとに「好き」と語りかける前に、日本の人びとに対して問題提起し、国内の世論を変えることが急務だと思います。「#好きです韓国」だからこそ、歴史に向き合いつづける姿勢と行動が必要なのです。

先に述べたとおり、かく言う私も日本と韓国が抱える問題について学びはじめたばかり。本書に名を連ねる先輩方や周囲の友人たちからさまざまな知識を得て、考えて、認識の軌道修正を続けている過程です。また、「#好きです韓国」と声をあげはじめた若い世代こそ日韓連帯の鍵になるはずだという考えも変わっていません。どうか本書を手に取ってくれたみなさんとともに学んで行動していきたい。私たちの手で、今の日本の差別的な「嫌韓」意識が過去のものになる社会を築いていかないといけません。この事実が正確に記録・記憶され、もう二度と繰り返されないものになるように。

あとがき

日韓「対立」を煽《あお》るような報道が多すぎる、この状況に対抗する本をつくれないかと大月書店編集部の角田三佳さんから連絡をいただいたのが、あいちトリエンナーレ2019（以下、あいトリ）開幕直前でした。「ぜひやりましょう」と返事をしてから名古屋入りしました。ところが、開幕3日目の8月3日、あいトリに出品していた〈表現の不自由展・その後〉中止事件が起きました。同展実行委員である私はまさに当事者としてその後2か月、再開のための活動にすべての生活をかけることになってしまったのです。それでも角田さんはすぐ「こういう状況を生む今の日本だからこそ、本が必要だ」と連絡をくれました。8月中旬、束の間東京へ戻って具体的な内容を相談し、加藤圭木さんに共同で編者になっていただくことになりました。その後ますます余裕がなくなった私のせいで、加藤さんと角田さんには多大なご負担と迷惑をかけることになってしまい、この場を借りてあらためてお詫びします。

とはいえ、あいトリの現場で、「日韓関係の悪化」が展示中止に追い込まれた理由にまで都合よく使われるなかで、本書刊行の意味を実感しました。

開幕するや、日韓メディアからたくさんの取材を受けましたが、こうした状況だからこそ、展示の意味はいっそうあると答えてきました。残念ながら日本メディアではまったく報道されませんでしたが、韓国ではかなり報道されました。

韓国でもっとも信頼されるニュース番組ＪＴＢＣ「ニュースルーム」は開幕当日、《平和の少女像》が展示されたことを伝え、「日本の観客の反応は、私たちが考えていたのとは少し違いました」と報じました。隣に座って少女像のように拳《こぶし》を握る男の子、手を重ねる子どもを抱いた母親、「反日」と思っていたが作品に込められた意味を知ったという若い男性など、少女像を見て共感する観客の姿をカメラは収めています。

「日韓関係最悪」と言われる状況で、こうしてお互いを知る可能性のあった展示だったとあらためて思います。さらに、《平和の少女像》との交流についての取材が、限定再開後にも自由にできていたらと思うと残念でなりません（あいトリによる報道規制で不可能でした）。

もう一つは、中止決定前に発せられた、河村たかし名古屋市長の発言です。「日本人の、国民の心を踏みにじるものだ」という発言ばかりが報道されましたが、見逃してならないのは、日本軍「慰安婦」について「そもそも事実でないという説も非常に強い」「強制連行の証拠はない」という発言のほうです。さらに8月5日には、記者会見で「強制連行し、アジア各地の女性を連れ去ったというのは事実と違う」と言っています。この発言の何が問題かは、ぜひ本書Ｑ４とＱ５を読んでいただきたいと思います。

この発言を問題にし、検証する全国紙の記事を見たことがありません。書かないのか、書けないのか、理由はわかりませんが、やはり90年代に歴史修正主義者が台頭して教科書から「慰安婦」問題の記述がいったん消えてすでに20年近くとなっていることと深く関係しているでしょう（最近ようやく学び舎の『ともに学ぶ人間の歴史』だけが「慰安婦」について記述して、採択されました）。日本人の多くは歴史教育で加害事実をあまり教えられていませんし、マスメディアでも加害の実態はなかなか取り上げられないのが現実です。

そのため本書は10代から読めるようなものにしようと心がけました。重要なことは、「はじめに」で加藤さんが指摘しているように、徴用工《ちょうようこう》問題や「慰安婦」問題、植民地支配の問題を、人権問題として見るという視点です。これは、歴史を知らされてこなかった若者たちだけの問題ではありません。

他者の苦痛への想像力をもって日韓の歴史と現在に向き合える日本社会に変えていくために、報道だけを鵜呑《うの》みにせず、一度立ち止まって本書を読んでいただけたらと願っています。

最後に、緊急出版ということで時間がないなかで書き下ろしてくださった執筆者の方々、翻訳をしてくださった方々に編者を代表して感謝申し上げます。

２０１９年11月３日

編者　岡本有佳

執筆者

川上詩朗（かわかみ　しろう）	弁護士
金昌禄（キム　チャンロク）	慶北大学法学専門大学院教授
金庾毘（キム　ユビ）	一橋大学大学院社会学研究科博士後期課程
吉見義明（よしみ　よしあき）	中央大学名誉教授
金富子（キム　プジャ）	東京外国語大学教授
金美穂（Miho Kim Lee）	日本軍「慰安婦」正義連盟世話人
板垣竜太（いたがき　りゅうた）	同志社大学教授
加藤直樹（かとう　なおき）	フリーライター・編集者
藤永壯（ふじなが　たけし）	大阪産業大学教授
土田修（つちだ　おさむ）	ジャーナリスト（東京新聞社友）
吉倫亨（キル　ユンヒョン）	『ハンギョレ』前東京支局長
金鎮佑（キム　ジヌ）	『京郷新聞』東京特派員
梁澄子（ヤン　チンジャ）	一般社団法人「希望のたね基金」代表理事
阿部あやな（あべ　あやな）	一般社団法人「希望のたね基金」運営スタッフ

訳者

李玲実（リ　リョンシル）	一橋大学大学院社会学研究科博士後期課程

編者
岡本有佳（おかもと　ゆか）
1963年生まれ。編集者。共編著に『〈平和の少女像〉はなぜ座り続けるのか』（世織書房，2016年），『「慰安婦」問題と未来への責任――日韓「合意」に抗して』（大月書店，2017年），『政治権力VSメディア　映画「共犯者たち」の世界』（夜光社，2018年），『あいちトリエンナーレ「展示中止」事件』（岩波書店，2019年）ほか。Fight for Justice運営委員。

加藤圭木（かとう　けいき）
1983年生まれ。一橋大学大学院社会学研究科准教授。朝鮮近現代史。著書に『植民地期朝鮮の地域変容――日本の大陸進出と咸鏡北道』（吉川弘文館，2017年），東京歴史科学研究会編『歴史を学ぶ人々のために――現在をどう生きるか』（共編著，岩波書店，2017年）ほか。一般社団法人「希望のたね基金」理事。Fight for Justice運営委員。

DTP　岡田グラフ
装幀　古村奈々＋Zapping Studio

だれが日韓「対立」をつくったのか
徴用工，「慰安婦」，そしてメディア

2019年12月16日　第1刷発行

定価はカバーに表示してあります

編者　岡本有佳　加藤圭木
発行者　中川　進

〒113-0033　東京都文京区本郷 2-27-16
発行所　株式会社　大月書店
印刷　三晃印刷
製本　中永製本
電話（代表）03-3813-4651　FAX 03-3813-4656　振替00130-7-16387
http://www.otsukishoten.co.jp/

ISBN978-4-272-21122-7　C0031　Printed in Japan